책 쓰기 학교 수업 교재 1탄

누구보다 빨리 책 쓰는 법

책 쓰기! 선택도 혁명도 아닌 필수!

"책 쓰기! 이제 선택도 혁명도 아니라 필수다."

"책 쓰기 대중화 시대, 이제 생존 책 쓰기다."

작가!

생각만 해도 가슴 떨리는 단어이자 직업이다. 맞다.

그런데 이보다 더 가슴 떨리는 경우가 있다.

바로 당신이 그런 작가라면 어떨까?

당신이 상상만으로 가슴 떨리는 바로 그 작가가 된다면 어떨까?

스스로 질문해 보자.

한 가지 분명한 사실은 작가가 되는 '책 쓰기'는 당신과 당신의 인생을 송두리째 바꾸어 놓을 만큼 강력한 힘을 가지고 있다는 사실이다.

이 책은 글쓰기를 통해서라면 누구나 인생 혁명을 이룰 수 있음을 말하려는 책이 아니다. 이 책의 핵심 주제는 바로 제목처럼 "가장 빨리 책을 쓰는" 방법론에 관한 것이다.

이제 '책 쓰기'라는 흐름은 인생이나 시대의 혁명이 아니다. 이제는 책 쓰기가 선택이 아닌 필수다. 책 쓰기가 혁명이 된 시대도 이미 지났기 때문이다. 책 쓰기는 인생의 필수가 되었다. 그러므로 당신도 해야 한다.

"하거나 아니면 망하거나!"

극단적인 듯하지만 이젠 정말로 둘 중 하나다. 사잇길은 없다. 그것이 냉정한 현실이다. 글쓰기는 생존하고 추구하고 극복하고 이겨내고 성공하고 무엇보다 행복해지기 위해 반드시 시도해야 하는 일이 되었다.

나는 지난 10년 동안 책 쓰기와 글쓰기에 관한 수많은 책을 읽었고, 또 직접 쓰기도 했다. 그리고 내가 쓴 책들에서 아래와 같은 이야기를 많이 했다.

"'작가가 된다는 것은 무에서 유를 창조해 낸다는 것'이다. 당신이 책을 한 권 썼다는 것은 단순하게 글을 쓴 것이 아니라 무엇인가를 만들어이 세상에 남겼다는 것이다. 그것도 당신의 이름을 걸고 말이다. 그런 점에서 작가가 되는 것은 결국 무엇인가를 세상에 당당히 만들어 보여 주는 것이다. 그렇다면 그 무엇인가의 주체는 누구일까? 바로 당신이다. 작가가 된다는 것은 당신을 이 세상에 당당하게 보여 주는 것이다."

– ⟨7주 만에 작가 되기⟩

하지만 이 말은 '이제' 틀렸다. 내가 틀린 것이 아니라 시대가 급변한 것이다. 이제는 작가가 된다는 것이 일상을 살아간다는 말과 다를 바 없는 이야기가 되었다.

"왜 결혼을 해야 하나요?"
"왜 아이를 낳았나요?"

만약 결혼하고 아이를 낳은 부모에게 이런 질문을 한다면 어떻게 반응할까?

답은 자명하다.

아이를 낳고 후손을 번성시키는 것이 우리 인간의 생존 이유이며 삶의 의미이며 가치이기 때문이다.

책 쓰기도 마찬가지다. 책 쓰기는 이제 결혼이 아니다. 요즘의 사회에서 "결혼은 선택, 연애는 필수"라면, 책 쓰기는 이제 결혼에서 연애의 영역으로 옮겨진 것이다.

 즉, 더 이상 책 쓰기는 혁명도, 선택도 아닌, 필수다. 이제는 책 쓰기 대중화의 시대며, 생존 책 쓰기의 시대다. 당신도 어서 생존 책 쓰기를 시작해야 한다.

 그렇다면 누가 빨리 쉽게 책을 쓸 수 있느냐는 굉장히 중요한 문제이며 숙제가 될 것이다. 나는 그 관점에서 이 책을 썼다. 그러므로 책 쓰기를 원하거나 책을 써야 할 필요성을 몰랐으나 이 책을 읽은 독자들의 책 쓰기가 좀 더 수월해지고 빨라질 것이라고 확신한다.

 이 책에는 8년 동안 500명에게 직접 책 쓰기를 가르친 〈김병완 칼리지〉(책 쓰기 학교)의 **실제 책 쓰기 수업 교재와 커리큘럼**, 내용이 빠짐없이 고스란히 담겨 있다. 그러므로 이 책의 소장 가치는 분명하다.

 나는 책 쓰기를 통해서 새로운 인생을 만났다. 그리고 이 책을 통해 많은 이가 책 쓰기를 훨씬 더 쉽게, '빨리' 완성하기를 진심으로 바란다. 또, 그럴 수 있다.

 10년 동안 책 한 권을 쓰는 것보다 100일 동안 책 한 권을 쓰는 것이 더 현명하다. 가성비가 높기 때문이다. 또, 현대는 후자의 경우를 통해서 성과를 내는 경우가 많다.

당신의 방식과 다르다고 해서 무조건 틀린 것도 아니고, 당신의 방식과 맞다고 무조건 정답인 것도 아니다. 다름은 틀림이 아니다. 각자 다른 방식과 스타일을 고집할 수 있다. 그러므로 이 책을 통해 새로운 관점을 만나 보길 바란다.

다시 한 번 강조하지만 이 책은 책을 "빨리" 쓰고 싶은 사람에게 유익한 책이다. 느리고 꼼꼼하게 책을 써 나가고 싶은 사람에게라면 이 책이 큰 도움을 주지 못할지도 모르지만, 무엇보다 책 쓰기 방법에 대한 다양한 생각과 의식, 방법이 있다는 사실에 대해서는 적어도 일깨워 줄 수 있을 것이다.

이 책의 본문에서 나는 '가장 빨리 책을 쓰는 방법'이 흔한 예상과 달리 '가장 좋은 책을 쓰는 좋은 방법' 중에 하나가 될 수 있음을 여러 근거를 통해 이야기한다. 어쨌든 막막하고 버겁게 느끼기 쉬운 것이 집필이라는 영역이라면, 이 책이 가장 빨리 책을 쓸 수 있도록 다양한 측면에서 도움을 줄 책이라고 확신한다.

당신의 모든 일상에 행운을 빈다.

_대한민국 넘버원 책 쓰기 독서법 학교 김병완 칼리지 교장 **김병완**

◑ LIST ◑

제 2 장

책 쓰기, 더 이상 혁명이 아니다

제 3 장

베스트셀러는 하루아침에 만들어진다

제 4 장

지금 당장 책을 쓰거나 망하거나!

제 5 장

넘버원 책 쓰기 학교 김병완 칼리지 수업 교재 – 시즌4

인생을 바꾸는 것은 읽기뿐만 아니라 쓰기도 마찬가지다.
오히려 책 쓰기는 읽기보다 열 배 더 강하다.
책 읽기가 나를 성장시켰다면, 책 쓰기는 내 인생을
송두리째 바꾸었다고 자신 있게 말할 수 있다.

전문가가 책을 쓰는 것이 아니다.
책을 쓰면 전문가가 되는 것이다.
성공한 사람이 책을 쓰는 것이 아니다.
책을 쓰면 성공한 사람이 되는 것이다.
자신을 넘어선 사람이 책을 쓰는 것이 아니다.
책을 쓰는 사람이 자신을 넘어서는 것이다.

– <김병완의 책 쓰기 혁명> 중

제1장

가장 빨리 책을 쓰는 법

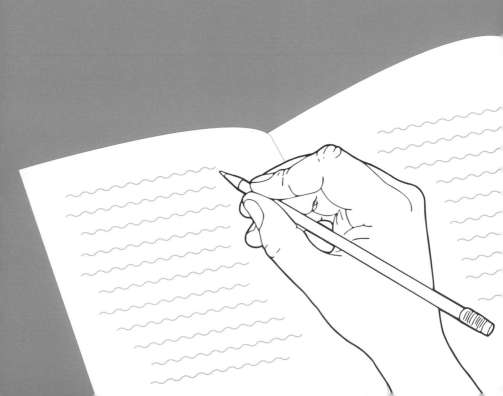

문제는 마음이다

'정신일도 하사불성精神一到 何事不成'
정신을 한곳으로 모으면 무슨 일인들 이루어지지 않으랴.

모든 문제는 마음에서 비롯된다. 당신이 책 쓰기를 못 하는 이유도, 느리게 하는 이유도, 힘들어 하는 이유도 모두 마음 때문이다.

마음을 바꾸면 책 쓰기가 쉬워지고 가벼워진다. 이것이 책 쓰기 학교 교장으로서 내가 8년 동안 배운 가장 중요한 진리다. 물론 책 쓰기도 자전거타기처럼 배워야 하는 기술이다. 하지만 기술과 능력이 비슷한 두 사람이 있다면, 어떤 사람이 작가로 더 성공하고, 어떤 사람이 중도에 포기할지를 쉽게 알 수 있다. 작가로 더 성공하고 평생 작가로 왕성하게 활동하며 살아갈 사람은 바로 마음 관리를 잘하는 사람이다.

여러분이 빨리 책을 쓸 수 없도록 만드는 가장 큰 문제는 마음이 너무 복잡하다는 것이다. 그 복잡한 마음 속 생각들을 끊어 버리고, 떠나야 한다. 이것은 내가 '단사리 마음혁명'이라고 부르는 것이다.

"당신의 인생은 당신의 생각(마음)의 표현이다."

마르쿠스 아우렐리우스 안토니우스의 말이다. 이 말처럼 당신의 책 쓰기가 무거운 이유는 마음이 무겁기 때문이다.

로마시대 최고의 명문가에서, 최고의 교육을 받고, 최고의 삶을 살던 한 인물이 있었다. 바로 서양의 고전 중에 고전인 〈철학의 위안〉으로 우리에게 잘 알려진 보에티우스이다. 행복한 가정과 최고의 학식, 최고의 권력과 부와 명예를 모두 가졌던 인물인 그는 그 시대 최고의 철학자이며, 권력자였다. 그는 누구 하나 부러울 것 없는 최고의 삶을 살았다. 하지만 그러다 하루아침에 정적의 모함으로 죄도 없이, 억울하게 그가 가진 모든 것을 다 빼앗기고, 죽을 날만 기다리는 사형수로 전락하였다. 천국이 지옥으로 변한 갑작스러운 현실 앞에서 그는 죽음의 공포와 좌절, 원망, 분노로 치를 떨며, 그야말로 차가운 감옥 바닥에서 몸부림치는 인생을 살게 되었다. 어떠한 희망도, 어떠한 기대도, 어떠한 의미도, 어떠한 가치도 더 이상 그에게는 존재하지 않았다. 지옥 그 자체였다. 그렇게 그는 너무도 쉽게 세상에서 가장 궁핍하고, 억울하고, 불쌍하고, 희망 없는 자가 되었다. 아무것도 남지 않았기 때문이다.

상상해 보자. 세상에 그처럼 궁핍하고, 각박하고, 처절하고, 억울한 삶이 있을까? 그를 둘러싼 신분이 바뀌고 사형수로 사형당하기 전까지 그는 어떠한 삶을 살았을까? 그에게 어떠한 형태로든 희망이나 기대가 존재할 수 있었을까? 그의 처참한 인생을 바꾸기 위해서는 다시 한번 엄청난 기적이 일어나야만 했을까?

하지만 그의 삶에 그 어떤 외적인 변화나 도움, 기적은 불행히도 일어나지 않았다. 하지만 그는 자신의 삶을 완전히 바꾸어, 사형수로서 독방에서 인류에게 큰 선물을 선사하는 위인이 되었다. 그는 현실의 암울한 형편과 처지 속에서도 당대와 후대의 수많은 사람에게 감동과 위안을 주고, 철학의 길을 인도하는 선구자적 명작인 〈철학의 위안〉이란 책을 집필하는 작가로서의 삶을 살았다.

어떻게 그러한 극적인 삶의 변화가 일어날 수 있었을까?

그건 바로 '마음의 힘'에 있었다.

자신을 괴롭히던 현실에 대한 분노와 원한, 공포심 등 모든 마음을 끊고 그가 떠날 수 있었기 때문이다.

문제는 마음이었다. 마음을 바꾸고 모든 불편한 감정들로부터 벗어나 상황을 바라보자, 현실을 인식하고 누구보다 쉽고 빠르게 책을 쓸 수 있었다. 그러한 마음의 변화로 그는 평안과 위안을 얻었고, 글을 쓸 수 있는 힘을 얻었다.

"우리 시대의 가장 위대한 발견은 인간이 자신의 마음의 틀을 변화시킴으로써 삶 자체를 바꿀 수 있다는 사실을 발견한 것이다."

미국의 심리학자 윌리엄 제임스의 이 말처럼 우리 시대의 가장 위대한 발견은 세상만사가 마음에서 비롯된다는 사실에 있다.

명심하자. 모든 것은 마음에서 출발한다.

완벽주의를 버려라

"한 인간의 현재 모습은 바로 스스로가 만든 결과다."

장 폴 사르트르의 이 말은 우리가 어떻게 살아야 하고, 책을 어떻게 쓰면 좋을지에 대한 힌트를 제공한다. 한 인간의 현재 모습뿐만 아니라 당신의 책 쓰기도 바로 당신이 만든 결과이다. 가장 빨리 책을 쓰기 위해서는 완벽주의를 버려야 한다. 그것이 최고의 방법이다. 필자의 실제 경험담을 이야기하겠다.

필자는 2011년도부터 글을 쓰는 작가로 살기 시작했다. 그때부터 지금까지 꾸준히 책을 내고 있다. 매년 베스트셀러를 출간한다. 지금까지 약 100권 정도의 책을 출간했는데, 한 권만 추천한다면 〈공부에 미친 사람들〉이다. 물론 〈플랫폼 독서법〉, 〈초서 독서법〉, 〈나는 도서관에서 기적을 만났다〉 등 추천하고 싶은 책은 너무 많다. 그런데 그중에서도 출간 즉시 베스트셀러가 되어 한 달 넘게 예스24, 교보문고, 알라딘 등에서 자기계발 분야 1위를 차지한 책은 바로 〈한 시간에 한 권 퀀텀 독서법〉이다.

이 책이 출간된 덕분에 필자가 운영하는 '책 쓰기 독서법 학교'가 너무나 잘되었고, '김병완칼리지 코칭센터'도 더 좋은 곳으로 이사했다. 10만 명이나 되는 독자가 이 책을 읽어 주셔서 감사하다. 하지만 만약 완벽주의를 버리지 않았다면, 이 책은 아직도 세상에 나오지 못했을 것이다.

나는 이 책을 정말 빨리 썼다. 또, 출간된 후 10쇄를 찍을 때까지 수정을 거듭한 유일한 책이기도 하다. 내가 만약 완벽주의를 버리지 않았다면, 출간도, '자기계발 1위'도 불가능했을 것이다. 완벽주의를 버리지 않았다면, 아직까지도 도서관에 박혀 독서만 하고 있었을지 모른다. 이처럼 완벽주의는 우리에게 득보다 해를 더 많이 준다.

가장 빨리 책을 쓰는 방법은 약간은 부족하고, 수준이 낮고, 미흡해도 그냥 출간하는 것이다. 필자의 입장에서는 약간 부족한 책일 뿐이지만, 그냥 출간하는 것이 결국에는 더 수준 높은 책을 출간하는 마중물이 된다. 첫 번째 책을 출간하는 경험 없이는 두 번째 책을 출간하기가 불가능하기 때문이다.

중국 춘추시대 오나라 합려閤閭를 섬기던 명장 손무孫武, BC 6세기경였던 손자孫子가 2,500년 전에 저술한 〈손자병법孫子兵法〉에도 완벽주의가 너무 큰 폐해를 줌을 강조하는 대목이 나온다.

〈손자병법〉 제2장 작전편이다.

> "전쟁을 해서 이길지라도 시간을 오래 끌면 병기가 무디어지고 병사들의 사기가 떨어진다. 그리하여 군대가 성을 공격하면 곧 힘이 다하고, 또한 전투가 길어지면 나라의 재정이 바닥나게 된다. 병기가 무디어지고 군대의 날카로운 기운이 꺾이고 힘이 떨어지며, 나라살림이 바닥나면 그 틈을 이용하여 이웃의 제후들이 일어날 것이다. 이렇게 되면 비록 지혜 있는 사람들이 있다 할지라도 사태를 수습할 수 없다. 그러므로 전쟁은 졸속으로 하는 한이 있더라도 빨리 끝내야 한다는 말은 들었어도, 뛰어난 작전 치고 오래 끄는 것을 본 적이 없다. 무릇 질질 끄는 전쟁이 나라에 혜택을 준 적은 지금까지 없었다."

이는 한마디로 전쟁을 빨리 끝내야 함을 당부하는 이야기인데, 전쟁을 너무 오래 질질 끄는 것은 결국 스스로를 약하게 만드는 것과 같다는 뜻이다. 오늘날 많은 기업과 개인도 배워야 하는 교훈이다. 무엇인가를 하고자 한다면 빨리 시작해야 하고, 빨리 끝내는 것이 좋다. 꼼꼼히 검토한다 해도 너무 완벽한 정보로 완벽하게 검토하고자 하면, 당신이 검토하는 사이에 경쟁자들이 이미 검토를 끝내고 시작하여 큰 성공을 거둘지도 모른다. 그러면 그렇게 철저하고 완벽하게 수집한 정보와 오랜 시간의 노력도 모두 허사가 된다는 점을 알아야 한다.

그래서 손자는 이렇게 말했다. "졸속이 지완遲緩보다 낫다."

책 쓰기도 마찬가지다. 빨리 끝내는 것이 완벽한 책을 쓰기 위해 오랜 시간을 투자하는 것보다 전체를 고려할 때 훨씬 이로운 점이 많다. 완벽주의를 버리자.

놀이터에 가듯 즐겨라

가장 빨리 책을 쓰는 방법 중 하나는 책 쓰는 일을 놀이터에 가듯 즐기는 것이다. 즐겨야 매일 할 수 있고, 매일 해야 남들보다 더 숙달되어 잘할 수 있다.

필자는 11년 동안 잘 다니던 회사를 그만두고 3년 동안 칩거 생활을 한 적이 있다. 그때 3년, 즉 1,000일 동안 도서관 생활을 했다. 매일 눈만 뜨면 도서관으로 출근했다.

매일 도서관에 출근하면서 어찌나 가슴이 설레고 뜨거웠는지 아무도 모를 것이다. 왜 돈도 나오지 않는 도서관에 가면서 나는 그렇게 가슴이 뜨거웠을까? 그것은 내게는 도서관에 가는 일이 아이들이 놀이터에 가는 일과 흡사한 일이었기 때문이다.

내게는 도서관이 마치 놀이터였다. 나는 놀이터에 가서 마음껏 뛰어놀았다. 그렇게 3년을 보내니, 도서관은 내게 큰 기적을 가져다주었다. 나는 그야말로 도서관이 만든 인간이 되었다. 아래는 내 책 〈나는 도서관에서 기적을 만났다〉의 일부다.

"도서관은 누군가에게는 기적이 일어나는 마법과 같은 장소가 된다. 도서관은 기적, 그 자체이다. 하지만 그 누군가는 모든 이들이 될 수 있다는 사실도 또한 놀라운 비밀이 아닐 수 없을 것 같다. 나는 그 비밀과 가능성을 온몸으로 경험하고 느끼고 발견했다. 그런 덕분에 나는 내 인생을 바꿀 수 있었던 것이다. 그리고 이것은 모든 사람에게 동일하게 적용 가능한 일이다. 그런 점에서 도서관은 기적, 그 자체이다."

필자가 도서관에 가서 책을 읽고 쓰는 일을 놀이터에서 놀 듯 즐기지 않았다면 지금 매우 암울한 시기를 보내고 있을 것이다. 특히 코로나 시대에서라면 더 심했을 것이다. 앞서 말했듯 나는 처음부터 작가였던 것이 아니다. 아래 글에서처럼 평범한 직장인에 불과했다.

"나는 대기업을 다니던 평범한 회사원이었다. 이른바 명문대학을 졸업하고 삼성전자에 입사하여 휴대폰 연구원으로 10년 이상 남들과 다를 바 없는 샐러리맨 생활을 하였다. 회사생활을 한 지 10년이 지났을 무렵, 그러니까 지금으로부터 3년 전에 내 인생을 송두리째 뒤흔들어 놓았던 큰 사건이 발생했다.

그 사건은 '외부적 발생'이라기보다 '내면적 자청'이었다. 낙엽 지던 어느 가을 날 길가에 뒹구는 나뭇잎들을 보고 불현듯 '바람에 뒹구는 쓸쓸한 저 나뭇잎'이 내 신세와 같다는 생각이 들었다. 아니, 생각만이 아니라 나와 같은 샐러리맨의 미래 모습이 연상되면서 뇌와 심장에 심한 충

격이 왔다. 나 같은 직장인은 회사라는 나무를 통해 영양분을 공급받아 살아가야 하는 낙엽인 것이다. 생명력이 자체 공급되는 나무 본체가 아니면 아무 의미나 가치, 생명도 유지시킬 수 없는 낙엽과 매우 닮아 있다는 깨달음이었다.

다람쥐 쳇바퀴 돌 듯 하는 생활과 회사라는 조직(나무)에서 이끄는 대로 그 나무에 매달려 살아야만 하는 회사 의존적인 기생 생활에는 더 이상 비전이 없고, 미래가 없다는 생각을 하게 되었다. 그때부터 회사일이 손에 잡히지 않았다. 몇 달을 고민한 끝에 그 해 겨울 12월 31일을 마지막으로 십 년 이상 다닌 회사를 떠나게 되었다."

– <48분 기적의 독서법> 프롤로그 中

그렇게 몇 달을 고민한 끝에 책에 썼듯, 십 년 이상 다닌 회사이자, 처음이자 마지막 내 인생의 회사를 떠나게 되었다.

이는 나에겐 처음이자 마지막인 직장생활과의 결별을 의미하기도 했다. 조직에 속해서 조직 인간으로서의 삶을 필자는 11년 동안 해봤으며, 그 이후로는 조직 생활이 아닌 '삶'을 살기 시작했다.

사실 필자는 '조직 인간'이라는 말의 개념을 찰스 핸디의 〈코끼리와 벼룩〉이라는 책을 통해서 깨달았다. 찰스 핸디는 피터 드러커와 톰 피터스와 함께 세계적인 경영 사상가 중 한 명이다. 그런 그가 자신의 책을 통해 주장하는 것은 '생존하려면 변화하지 않을 수 없다'는 점이다.

필자 역시 생존하기 위해, 혹은 좀 더 나은 삶을 살기 위해 변화를 선택했던 것인지 모른다. 극적인 변화를 추구하지 않을 때, 인간은 스스로 그저 살게 되는 길을 선택하는 것과 다름없다는 사실을 명심하도록 하자.

책을 가장 빨리 쓰는 극적인 변화 역시 즐기는 것에서 비롯된다. 즐기는 마음가짐을 갖거나 그렇게 만드는 환경을 구성하는 일을 시도해보자. 처음부터 쉽지는 않겠지만, 시도조차 하지 않는 사람은 영원히 변할 수조차 없다.

한 문장만 쓰면 된다

가장 빨리 책을 쓰는 또 다른 방법은 '한 문장만 쓰는 것'이다.

많은 이들이 마음이 너무 앞서가고, 욕심이 너무 많다.

필자가 3년이라는 작가 생활 초반 50여 권 이상의 책을 출간할 수 있었던 이유는 '한 문장만 쓰면 된다'는 나름의 책 쓰기 규칙 때문이었다.

필자는 3년 동안 매일 책을 읽고 쓰는 삶을 살았다. 매일 도서관에 출근하면서 다짐하고 또 다짐했던 이 한 문장은 나를 버티게 돕는 '책 쓰기 규칙'이 되었다.

"딱 한 문장만 쓰면 돼."

사실 초반에 책을 쓴다는 것은 즐거운 모험이자 가슴 뛰는 일이었다. 하지만 간혹 부담감이 생기기도 했다. 내가 아침에 도서관에 출근해 책 쓰기에 부담감을 느낄 때마다, 그 부담감을 일시에 떨치도록 도와주는 마법 같은 문장이 바로 이 '책 쓰기 규칙'이었다.

단 한 문장만 쓰면 되기 때문에 책 쓰기 자체에 대한 부담감이 사라졌고, 하루 종일 즐겁게 글을 쓰게 되었다.

한 문장만 쓰는 일은 누구나 쉽게 할 수 있다. 그리고 그거면 된다. 왜냐하면 한 문장을 쓰면, 그 다음 문장을 쓸 힘이 생긴다. 쓰기에도 관성의 법칙이 작용하기 때문이다. 그만큼 매일 하면 정말 쉬워지고 빨라진다. 하지만 하루라도 하지 않으면 그때부터 모든 게 배로 어려워지고 느려진다. 세상만사가 이렇다.

천릿길도 한걸음부터다. 나는 100권의 책을 저술했지만, 그 모든 것은 첫 한 문장에서 시작되었다. 한 문장이 우리에게 가져다주는 힘과 영향력을 절대 무시해서는 안 된다. 한 문장을 무시하는 사람은 절대 수많은 책을 출간할 수 없다. 한 문장이 결국 한 권의 책이라고 생각할 수 있어야 한다.

이처럼 필자를 바꾼 것은 작은 생각의 전환이었다. 나는 남들과 다르게 생각했다.

남들은 한 문장을 쓰면, '겨우 한 문장 썼어, 아직도 갈 길이 멀어…' 라고 한탄하지만, 나는 전혀 반대였다.

나는 한 문장을 쓰면, 마치 한 권의 책을 쓴 것처럼 기뻐하고 즐거워하고 감사했다. 그 기쁨과 즐거움과 감사는 다음 한 문장을 또 쓰게 만드는 원동력이 되었다. 가장 빨리 책 쓰는 법도 바로 여기에 있다. 한 문장을 '가장 빨리' 쓰면 된다. 왜냐하면 그 다음 문장도 그렇게 빨리 쓸 수 있기 때문이다.

책 쓰기의
심리적 장벽을 깨어 부숴라

이렇듯 누구나 빨리 책을 쓸 수 있음에도 많은 사람에게 책 쓰기가 여전히 힘들고 무거운 이유는 심리적 장벽 때문이다. 심리적 장벽 때문에 평생 꿈만 꿀뿐 책 쓰기에 한 번도 도전하지 못하는 사람도 분명 있을 것이다.

심리적 장벽은 가장 큰 해악이다. 우리를 움츠러들게 하고, 전의를 상실하게 만들기 때문이다. 그 어떤 시도조차 하지 못하도록 만들기 때문이다.

"신은 행동하지 않는 자를 결코 돕지 않는다."

그리스 시인 소포클레스의 이 말을 명심할 필요가 있어 보인다.

사마천 역시 사기史記에서 "결단決斷을 가지고 행하면 귀신도 겁을 먹고 피한다"며, 심리적 장벽을 깨부수고, 결단력 있게 행동하는 사람의 위력을 잘 묘사한 바 있다. 실로 가슴에 와닿는 말이다.

유태인이 가진 지혜의 보고인 〈탈무드〉에도 이에 대해 언급한 대목이 있다.

"세상에는 너무 지나치게 쓰면 안 되는 것이 세 가지 있다. 그것은 빵의 이스트, 소금, 망설임이다."

우리가 명심해야 하고, 반드시 행동 습관으로 길러야 하는 것은 심리적 장벽을 깨부수는 일과 결단 후 망설이지 않는 실행력이다. 주변에 결단력 있는 사람이 있다면 보라. 그는 주위 사람을 모두 이끌 만큼 위대해 보일 것이다. 그리고 실제로 결단하고 행동하는 일은 위대한 것이다. 승리의 길이며, 성공의 길이며, 용자만이 갈 수 있는 길이며, 뛰어난 사람만이 갈 수 있는 길이기 때문이다.

책 쓰기에도 이런 원리가 그대로 적용된다. 심리적 장벽을 뛰어넘어야 한다.

책을 쓸 때 가장 많이 작용하는 심리적 장벽은 이런 것이다.

- '나처럼 평범한 사람이 책을 써도 될까?'
- '누가 나 같은 사람이 쓴 책을 읽어 줄까?'
- '누가 내 책을 읽고 혹평이나 심지어 비난을 하면 어떻게 할까?'
- '단 한 권도 판매되지 않으면 어떻게 할까?'
- '세상에서 가장 형편없는 책이라고 평가되면 망신이지 않을까?'

이 가장 흔하면서도 큰 책 쓰기의 심리적 장벽들을 과감하게 무시하고 깨부수어야 한다. 이런 생각들은 기우에 불과하다. 무엇이 두려운가? 작가는 그냥 쓰면 된다.

다시 한번 말하지만 심리적 장벽을 무시하고 깨부수어야 한다.

타인을 의식하지 마라

책을 쓸 때 우리를 가장 힘들게 하는 장애물 중 하나는 타인이다. 책 쓰기에 있어서만큼은 타인이 지옥이다. 타인은 방해물이다. 책 쓰기를 시작하려고 할 때면 가장 친한 친구가 때로는 방해가 되기도 한다. 이는 남편이나 아내가 될 수도 있다.

또한 누군가 몇 년 후에 베스트셀러 작가가 될지도 모르는 여러분에게 "너 같은 것이 무슨 책을 쓰냐"라고 우습게 보거나 비난한다면, 그렇게 타인을 함부로 속단하는 인간과는 관계를 맺지도 마라.

왕후장상王侯將相이 따로 있는 것도 아니고, 베스트셀러 작가라고 날 때부터 정해진 것도 아니다. 인간의 운명은 얼마든지 자신의 노력과 여러 가지 복합적인 요소를 통해 바꿀 수 있다.

그래서 가장 빨리 책을 쓰는 방법은 타인을 절대 의식하지 않는 것이다. 타인을 의식하는 순간, 당신은 너무도 큰 슬럼프에 빠지고, 장애물에 맞닥뜨릴 수밖에 없다. 당신의 힘만으로는 그 한계에서 벗어날 수 없다. 너무나 강력한 장벽이기 때문이다.

타인에 대한 두려움을 버려야 진정한 집중의 경지에 이를 수 있고, 가장 빨리 책 쓰는 법도 터득할 수 있다. 세상에 공짜는 없다. 하지만 지름길은 분명히 있다. 산을 뚫어 터널을 만드는 이유도 바로 이것이다.

세상에 공짜는 없지만, 고속도로처럼 몇 배 더 빠른 길은 있다. 국도로 부산까지 가면 하루 종일 가도 힘들고 지치지만, 고속도로로 가면 3~4시간이면 충분히 간다. 책 쓰기도 마찬가지다. 고속도로가 있다.

단, 책 쓰기의 고속도로를 타기 위해서는 두려움과 중압감에서 벗어나야 한다. 얼마나 많은 이가 불필요한 두려움과 중압감으로 자신이 가진 재능의 십 분의 일도 발휘하지 못하는지 생각하면 안타깝기만 하다.

시카고대학교 심리학과 교수인 사이언 베일락Sian Beilock은 인지과학 및 인간의 행동에 영향을 미치는 수많은 요소를 전문적으로 연구하고 있다. 그녀는 자신의 첫 번째 저서인 〈부동의 심리학〉이란 책에서 사람이 두려움과 중압감 때문에 자신의 실력을 제대로 발휘하지 못하는 경우를 심리학과 뇌 과학에 기반한 여러 가지 과학적 사실들을 근거로 분석하여 설명한다.

우리가 두려움을 느낄 때 온몸이 얼고, 머리가 새하얗게 비는 현상을 초킹choking 현상이라고 부르는데, 책에서는 그 이유를 '지각된 상황에 대한 스트레스 반응으로 발생하는 좋지 않은 결과'나 '지나친 분석에 의한 마비 현상'이라고 말한다. 여기서 우리는 두려움과 중압감이 우리에게 매우 큰 영향을 끼친다는 사실을 알 수 있다.

즉, 심리적으로 우리의 몸과 뇌를 얼려서 가진 기량과 능력을 제대로 발휘하지 못하게 만드는 근본적인 요인은 그 상황에 대한 지나친 분석으로 얻는 중압감과 두려움인 것이다.

여기, 두려움을 버려야 진정한 경지에 도달할 수 있으며, 진정한 경지는 무아지경無我之境처럼 자신의 두려움과 공포를 온전하게 버리고 자신을 초월한 상태에서 비로소 나온다는 사실을 잘 말해 주는 일화가 있다. 필자가 자주 이야기하는 동양 고전 중 하나로, 〈장자〉의 달생편에 나오는 목계木鷄 이야기이다. 다들 한 번쯤 들어 봤을 것인데, 요약하자면 이렇다.

옛날 기성자라는 명인이 있었는데, 그는 싸움닭을 조련하는 데 탁월한 능력을 가지고 있었다. 그에 대한 소문이 자자하여 주나라 성왕의 귀에까지 들어가게 되었다. 주나라 성왕은 그에게 닭 한 마리를 훈련시킬 것을 명령하였다. 열흘이 지나 왕은 훈련이 다 되어 닭이 싸움할 만큼 역량을 갖추게 되었는지를 물어보았다. 그러자 기성자는 이렇게 답했다. "닭이 얕은 기술을 배운 후 교만에 빠져 싸울 상대를 찾고 있습니다. 아직 충분히 훈련이 이루어지지 않았습니다. 그러므로 좀 더 기다려 주십시오."

그래서 왕은 다시 열흘을 기다렸다. 그러고 나서 왕은 또 기성자를 불러 닭의 훈련 상태를 물어보았다. 그러자 기성자는 이번에는 이렇게 대답했다.

"다른 닭의 울음소리나 그림자만 보아도 달려들려 난리입니다. 여전히 최고의 투계가 되기는 멀었습니다. 좀 더 기다려 주십시오."

그래서 왕은 이번에도 또 열흘을 기다렸다. 그러고 나서 왕은 또 기성자를 불러 닭의 훈련 상태를 물어보았다. 그러자 기성자는 이번에는 이렇게 대답했다.

"아직도 훈련이 덜 되었습니다. 앞뒤를 재지 않고 덤벼들려는 기운은 누그러졌지만 여전히 다른 닭을 노려보고 지지 않으려고 합니다. 그러므로 훈련이 덜 되었습니다. 좀 더 기다려 주십시오."

또다시 열흘이 지난 후에 비로소 기성자는 왕을 찾아뵙고 다음과 같이 고했다.

"이제야 온전한 싸움닭 한 마리가 만들어졌습니다. 이제는 상대 닭이 아무리 살기를 뿌리면서 소리치고 덤벼들어도 미동을 하지 않습니다. 떨어져 보면 흡사 나무로 깎아 만든 닭 같습니다. 이는 덕과 기세가 충만하다는 증거로 어떤 닭도 당해내지 못할 것입니다. 그의 모습만 보아도 모든 닭들이 전의를 상실하고 꼬리를 내릴 것입니다."

바로 이 대목에서 '나무로 깎아 만든 닭과 같아서 덕과 기세가 충만하다는 증거로 어떤 닭도 당해내지 못한다'는 '목계木鷄가' 탄생한 것이다. 이 목계야말로, 모든 두려움과 중압감을 떨쳐 버리고 자신을 뛰어넘어 가진 역량과 재능을 어떠한 상황에서도 발휘할 수 있는 경지에 오른 상태를 말한다.

우리 역시 이 목계와 같은 경지에 도달해 모든 두려움을 버리고, 중압감을 이겨 내야 한다. 그리고 또한 이와 같은 목계가 되는 길은 지금 혹은 여태 자신을 짓누르는 모든 두려움을 버리고, 중압감을 이겨 내는 길이다. 현대 심리학에서 말하는 초킹 현상을 완전히 극복해 낸 상태가 수천 년간의 동양고전인 〈장자〉에 나오는 '목계'인 셈이다.

타인을 의식하지 않는다면, 두려움과 중압감에서도 벗어날 수 있다. 처음부터 쉽게 가능한 일은 아니지만, 시도하고 노력하면, 어느 정도는 가능할지도 모른다.

자신을 힘들게 하고, 자신의 능력을 제대로 발휘하지 못하게 만드는 두려움을 과감히 버릴 수 있는 사람은 눈앞에서 벼락이 쳐도, 어떠한 일을 만나도 꿈쩍 않는 꿋꿋함을 지닌 사람이며 그 어떤 사람보다 강한 사람이다.

사실 가장 빨리 책을 쓰는 방법은 있어도 '유일한' 방법은 없다. 하지만 여러 가지 도움이 되는 심리적 상태는 바로 '타인을 의식하지 않는' 상태이다.

많이 쓰는 것이 최선이다

가장 빨리 책을 쓰는 법 중의 하나는 많이 쓰는 것이다. 이는 진리 중에 진리다. '다독, 다작, 다상량'이라 불리는 '삼다'는 지금까지 최고의 책 쓰기 진리로 여겨졌다. 시대가 달라졌어도, 많이 쓰는 것은 최선의 방법이다.

송나라 학자이자 정치인이었던 구양수는 학문하는 자세는 많이 읽고, 많이 쓰고, 많이 생각하고 헤아리는 것이라는 '삼다'를 주장했다.

틀린 말은 아니다. 하지만 가장 빨리 책을 쓰는 방법은 아니다. 가장 빨리 책을 쓰는 방법으로 최선일지 몰라도 최고의 방법은 아니다. 그럼 가장 빨리 책을 쓰는 최고의 방법은 무엇인가?

많이 읽고, 많이 쓰고, 많이 생각하는 것보다 더 우선되어야 하는 그 방법은, 바로 타인이 고생해서 오랜 시간을 두고 터득한 책 쓰기 기술을 빨리 배우고 익혀서, 자신의 기술로 만드는 것이다.

인류를 급성장시킨 교육 시스템, 교육 원리가 바로 이것이다. 누군가가 오랫동안, 심지어 평생 고생하면서, 수많은 시행착오를 통해서 터득한 책 쓰기 노하우와 기술을 직접 전수받으면, 그 누구보다도 가장 빨리 책을 쓸 수 있다.

문제는 누구나 마음대로 쉽게 최고 고수의 노하우와 기술을 전수받을 수 없다는 것이다. 최고 고수가 된 사람은 평생을 통해 터득한 노하우와 기술을 절대로 공짜로 전수해 주지도 않을 뿐만 아니라, 천금을 준대도 제자 기르는 것을 마다할 고수들도 적지 않다.

세상에 공짜는 없다. 그러므로 욕심내지 말자. 현재로서는 많이 쓰는 것이 차선책이자 최선의 방법이다.

> "사람은 쓰기를 통해 어제 살았던 인생보다 더 강한 인생을 만들어 나갈 수 있다. 글쓰기를 통해 참담한 현실을 극복하고 위대한 삶을 살았던 사람들은 한두 명이 아니다. 장애 삼중고로 비참한 현실과 싸워야 했던 헬렌 켈러 여사도 그렇고, 흑인 여성 지도자 마야 엔젤루도 그렇다. 그들의 인생을 바꾼 것은 글쓰기였다. 유배지로 내려간 다산 정약용을 일으켜 세운 것은 글쓰기였다. 하루아침에 사형수 처지가 되어 사랑하는 가족과 부와 명예를 모두 잃어버리고 단 하나의 희망조차 품을 수 없었던 보에티우스를 강하게 해준 것 역시 글쓰기였다."
>
> – <김병완의 책 쓰기 혁명>, 84p.

이처럼 강력한 책 쓰기의 힘을 늘 생각한다면, 차선책도 고마울 뿐이다.

많이 쓰는 것이 최선이자 차선책이다. 지금부터 많이 쓰자.

하지만 기술과 요령도 없이 무턱대고 많이 쓰는 것은 사실 우둔한 방법이고 수준 낮은 전략에 불과하다. 이제는 전략을 세워서 요령껏 많이 쓰자. 전략과 방법을 익히고 많이 쓰는 것이, 무턱대고 많이 쓰는 것보다 백 배 더 효과적이다.

지금 이 책을 읽는 독자들은 그런 점에서 현명한 선택을 한 것이다.

"만일 내게 나무를 베기 위해 한 시간만 주어진다면, 우선 나는 도끼를 가는데 45분을 쓸 것이다."

너무나 유명한 이 링컨의 말을 우리는 자주 망각하면서 산다.

주어진 한 시간 중, 한 시간 내내 열심히 나무를 베는 사람과 45분을 도끼를 가는 데 쓰는 사람 중 누가 더 현명한 것일까?

정답은 없다. 두 사람 모두 어리석다. 한 시간이 주어진다면, 필자는 15분 정도만 도끼를 가는 데 사용하고, 나머지 45분은 나무를 베는 데 사용할 것이다.

정답은 없다. 하지만 언제나 더 현명한 방법은 있다.

빨리 쓰는 것이
잘 쓰는 것이다

가장 빨리 책을 쓰는 방법 중 하나는 "양이 질을 압도하고 이끌고 창출한다"는 사실을 깨닫는 데 있다.

어떤 대학교 졸업반 학생들을 두 그룹으로 나누어, 한 쪽 학생들에게는 졸업 시험으로 졸업 작품을 한 점만 만들어 오라고 주문했다. 물론 그 작품을 가지고 졸업 성적을 매기고, 졸업 여부를 결정하기 때문에, 최고의 작품성과 수준 높은 작품이어야 한다고 했다. 주어진 기간은 6개월이었다. 그리고 다른 그룹의 학생들에게는 졸업 시험으로 졸업 작품 100점을 만들어 오라고 했다. 작품성이나 작품의 수준보다는 100점을 채워 오면, 졸업 시험에 무조건 합격시켜 준다는 조건을 달았다. 주어진 기간은 물론 동일하게 6개월이었다.

결과가 어떻게 나왔을까?

어느 쪽의 학생들이 훨씬 더 우수하고, 수준 높은 작품을 제출할 수 있었다고 생각하는가?

6개월 동안 오직 멋진 한 작품만을 만든 그룹의 학생들이 더 질 좋은 작품을 만들었을까? 아니면 같은 기간 동안 100점만 만들면 졸업할 수 있는 학생들이 더 질 좋은 작품을 만들었을 까?

아마 많은 사람이 전자의 학생들이 훨씬 더 질 좋은 작품을 만들었을 것이라고 생각할 것이다. 하지만 결과는 우리의 예상을 완전히 뒤엎었다. 가장 질 좋은 작품들이 많이 나온 그룹은 아이러니하게도 100점의 작품을 제출한 그룹이었다. 그것도 한 학생이 제출한 100점의 작품 가운데 상당수가 수준 높은 작품들이었던 반면에, 오직 한 작품만 제출하도록 했던 그룹의 학생들은 그 한 작품마저 수준이 떨어지는 현상이 발견되었다. 이 연구 결과를 통해 우리는 양이 때로는 질을 압도한다는 것을 알 수 있다.

즉, 질을 생각하지 않고, 많이 빨리 쓰다 보면, 수준 높은 책을 쓸 확률이 더 높아진다. 희소식이다. 이는 가장 빨리 책을 많이 쓰는 데 집중하면, 가장 좋은 책도 더 많이 쓸 수 있다는 소리인데, 만약 '과연 그럴까?'라고 생각하는 독자가 있다면 다른 연구 결과를 소개할 테니 이어 읽어 보기 바란다.

> "수업 첫날 도예 선생님은 학급을 두 그룹으로 나누어서, 작업실의 왼쪽에 모인 조는 작품의 양만을 가지고 평가하고, 오른편 조는 질로 평가할 것이라고 말씀하셨다. 평가방법은 간단했다. 수업 마지막 날 저울을 가지고 와서 '양 평가' 집단의 작품 무게를 재어, 그 무게가 20킬로그램 나가면 'A'를 주고, 15킬로그램에는 'B'를 주는 식이다. 반면 '질 평가'

집단의 학생은 'A'를 받을 수 있는 완벽한 하나의 작품만을 제출해야 했다. 자, 평가 시간이 되었다. 그런데 이상한 일이 생겼다. 가장 훌륭한 작품들은 모두 '양 평가' 집단에서 나왔다.

'양' 평가 집단이 부지런히 작품들을 쌓아 가면서 실수로부터 배워 나가는 동안, '질' 평가 집단은 가만히 앉아 어떻게 하면 완벽한 작품을 만들까만 궁리하다 종국에는 방대한 이론들과 점토 더미 말고는 내보일 게 아무것도 없게 되고 만 것이다."

– <예술가여, 무엇이 두려운가!(Art and Fear)>, 데이비드 베일즈, 51~52p.

이처럼 가장 훌륭한 작품 하나만 만들고자 한다면, 그 무엇도 만들기 힘들어진다. 어떤 훌륭한 작품도 결국에는 무수한 양을 토대로 탄생되는 법이기 때문이다. 즉, 시간을 많이 들여서 천천히 제대로 된 책 한 권을 쓰고자 한다면, 오히려 그 책이 좋은 책이 되기보다는 수준이 떨어지는 책이 될 수도 있다는 이야기를 이 실험은 하고 있다. 그 앞의 일화는 더 놀랍다.

무수한 양의 작품을 만드는 일에 용감하게 도전할 때, 그중 최고의 작품 하나가 탄생한다는 이야기이기 때문이다. 그리고 그 작품이 탄생하기 전에 실패했던 무수한 양의 작품들이 바로 그 하나의 훌륭한 작품을 만들도록 예술가의 재능을 절차탁마해 준 고마운 존재라는 사실을 잊어서는 안 될 것이다.

필자 역시 이러한 소중한 경험을 한 적이 있다. 회사에서 열심히 일하던 입사 3년 차 때의 일이다. 이제 어느 정도 일을 다 배우고, 혼자서 거뜬히 상품을 기획하고, 개발까지 할 때였다. 느닷없이 6시그마 전문가가 되기 위해, 교육을 받고, 프로젝트도 진행하라는 지시가 주어졌다. 일은 일대로 하면서, 6시그마 전문가 교육과 프로젝트도 병행하라는 것이었다.

우여곡절 끝에 6시그마 교육을 다 받고, 전문가 시험에도 합격했다. 이제 남은 것은 프로젝트의 완수였다. 그런데 설상가상으로 6시그마 프로젝트 경연 대회에 정보통신 사업부 대표로 참여하라는 지침이 내려왔다. 시간은 2주밖에 없었다. 반도체 사업부, 가전 사업부 등과의 자존심 대결이기도 해서, 무조건 일등을 해야 하는 대회였는데 말이다.

최고로 좋은 프로젝트를 구상하고, 기획해야 했다. 하지만 잘하려고 할수록, 도저히 프로젝트를 구상하고 기획할 수가 없었다. 그래서 며칠 고민만 하면서, 아까운 시간만 낭비하며, 흘려보냈다. 도저히 프로젝트를 구상할 수 없어서, 마음을 비우고, 전략을 바꾸기로 결심했다.

바뀐 전략은 질을 생각하지 말고, 양으로 승부하자는 것이었다. 질을 신경 쓰지 않고, 수십 개의 프로젝트를 기획하고, 구상하여, 그중 가장 좋은 것이라고 평가받은 안을 택하기로 했다. 바로 양을 통해 질을 상승시키는 전략이라고 할 수 있었다. 그렇게 전략을 바꾸자, 프로젝트 하나를 기획하고, 구상하는 데 불과 십 분도 걸리지 않았다. 너무나 쉽게, 너무나 좋은 아이디어들이 샘솟기 시작했다. 하루 동안 무려 30개의 프로젝트를 구상 및 기획하게 되었고, 그중 가장 좋은 평을 받은 하나를 선택하게 되었다. 그리고 2주 후 6시그마 프로젝트 경연 대회에서 보기 좋게 최우수상을 받았다. 그때 받은 자랑스러운 상패는 지금도 필자의 책상에 놓여 있다. 그 상패를 볼 때마다, 양에서 질이 나온다는 교훈을 되새기기 위해 일부러 눈에 잘 띄는 곳에 둔다.

만약 그때, 필자가 전략을 바꾸지 않고, 처음부터 끝까지 하나의 질 좋은 프로젝트만을 기획하고자 했다면, 절대로 최우수상을 받지 못했을 것이다. 양에서 질이 나왔기 때문이다. 게다 나중에 알고 보니 이러한 사실을 진작 깨닫고, 실천한 대가들이 적지 않았다. 그러한 사실을 알게 될 때마다, 새로운 깨달음에 전율하곤 했다. 그중 한 명이 〈보랏빛소가 온다〉의 저자이며 베스트셀러 작가인 세스 고딘이다. 그는 자신의 또 다른 저서 〈린치핀〉에서 다음과 같이 말한다.

"어떤 일을 마무리했다고 그것이 곧 걸작이 되는 건 아니다. 나는 책을 100권 이상 만들어 냈다. 물론 모든 책이 잘 나가지는 않았다. 하지만 그 책들을 쓰지 않았다면, 나는 이 책을 쓸 기회를 갖지 못했을 것이다. 피카소는 1,000점 이상의 그림을 그렸다. 그렇기 때문에 사람들이 피카소의 그림을 3개 이상 알고 있는 것이다."

– 〈린치핀〉, 세스 고딘, 152p.

그의 이 말은 양이 질을 창출한다는 사실을 잘 말해 준다. 그가 〈보랏빛 소가 온다〉, 〈린치핀〉 같은 명작을 쓸 수 있었던 이유는 바로 그전에 그가 100권이나 되는 책을 쓰면서, 쌓은 필력과 혜안, 지혜, 통찰력 때문이라고 할 수 있다. 그가 그전에 별로 많이 팔리지 않은 100권의 책을 쓰지 않았다면, 엄청나게 잘 팔린 이 책들은 쓸 수 없었을 것이다.

그렇다면 책 쓰기를 대하는 우리의 자세는 어떠해야 할까?

오히려 너무 진지한 자세는 역효과일 것이다.

결론은 이것이다.

"가장 빨리 책을 쓰는 것이 가장 책을 잘 쓰는 방법이고 요령이다."

제2장

책 쓰기, 더 이상 혁명이 아니다

책 쓰기는
선택이 아닌 필수다

"정말 책 쓰기가 인생을 바꿀 수 있을까?"

"정말 책 쓰기를 통해 인생이 바뀐 사람이 있을까?"

"학교 졸업장, 스펙, 자격증, 부동산, 로또가 아닌 책 쓰기만으로 인생을 바꿀 수 있을까?"

이 질문에 대한 독자들의 생각은 어떤가?

필자의 진짜 산 경험은 이 질문에 대해서 이렇게 대답한다.

"정말이다."

그렇다. 정말 책 쓰기를 통해서 인생이 바뀔 수 있고, 지금도 바뀌고 있고, 바뀌었다. 누가? 나를 비롯한 수없이 많은 이들이 말이다.

하지만 책 쓰기가 인생을 바꾸기 때문에 당신도 책을 써야 한다고 말하고 싶은 것은 절대 아니다. 다만 책 쓰기가 이제 선택도 혁명도 아닌 시대 자체가 되어 버렸다는 사실을 말하고 싶었다.

필자는 6년 전쯤 책 쓰기가 혁명이라고 주장하는 책을 쓴 적이 있다. 그 당시 책 쓰기가 혁명이라고 강조했지만 이제는 또 달라졌다. 시대가 급변했기 때문이다.

정말 불과 몇 년 전에는 책 쓰기가 혁명이자, 선택이었다. 하지만 이제는 필수가 되었다. 덕분에 이전에 한 모든 말들은 거짓말이 되어 버렸다. 새로운 법칙이 발견되면, 그 이전의 법칙은 폐기되니 말이다.

나의 책 쓰기 시작 시기는 2013년 12월이다.

도서관에 출근해 3년 간 만 권 독서하였고, 그 후 2년 동안 30~40권, 3년 동안으로는 60여 권의 책을 출간하고, 베스트셀러도 되다 보니, SNS를 통해 책 쓰기를 문의하는 사람이 한 명, 두 명 생겼다. 문의하는 사람들의 요지는 이것이었다.

"저 같은 평범한 사람, 책도 많이 읽지 않은 사람, 내공도 없는 사람이 작가님처럼 책을 쓸 수 있을까요?"

나는 이런 문의를 하는 사람들에게 딱 잘라 한마디한다.

"충분히 하실 수 있습니다."

내가 '김병완 칼리지'를 운영하는 한 가지 이유는 바로 이 소신이다.

"누구나 책을 쓸 수 있다."

그래서 '김병완 칼리지'를 졸업한 사람이 500명 정도나 된다. 그중 출판사와 정식으로 계약한 사람은 족히 250~350명을 훌쩍 넘었다고 생각한다. 정확한 집계는 아니다. 이는 졸업하면서 개인 사정으로 투고하지 않은 사람이 후에 투고하거나, 졸업생 중 책 쓰기를 잠시 뒤로 미룬 사람이 다시 도전한 경우를 포함하면 훨씬 더 많을 수 있다.

책 쓰기 강좌를 한 번도 수강해 본 적도 없고, 평생 책을 써 본 경험도 없는 이들을 단 7주 수업을 통해 출판사와 정식 계약하도록 돕는다는 말이 사실일까?

나조차도 말도 안 되는 성과가 정말 나오니 더 믿기지 않는 것 같다.

필자의 '김병완 칼리지 카페http://cafe.naver.com/collegeofkim'에서, 계약 후기에 올라온 수강생들이 직접 쓴 계약 후기를 보면 깜짝 놀랄 만한 스토리들이 적지 않다. 궁금하다면 와서 읽어 보기 바란다. '정말 책 쓰기가 인생을 바꾸나 보다!' 생각하게 될 것이다. 나 역시 책 쓰기가 아니었다면 지금도 도서관 한쪽 구석에 처박혀 책 읽기에만 만족하며 감사해했을 것이다. 물론 죽을 때까지 책만 읽는 것이 필자의 소박하고 무모한 꿈이기도 하지만 말이다.

책 쓰기는 정말 인생을 바꾼다. 거짓말인지 아닌지 직접 경험해 보

라. 앞서 말했듯, 책 쓰기가 선택이었고, 인생을 바꾸던 시대가 있었다면 이제는 책 쓰기가 필수다. 하지 않으면 당신은 뒤처진다.

인생을 바꾸기 때문에 해야 하는 것이 아니라 하지 않으면 인생이 망하기 때문에 해야만 하는 필수가 되었다. 명심하자.

성공을 위한 최고의 길,
책 쓰기

작가는 인생을 두 배로 살아가는 사람이다. 먼저, 첫 번째 인생이 있다. 길에서 만나는 여느 사람들처럼, 건널목을 건너고 아침에 출근하기 위해 넥타이를 매는 그런 일상생활이다. 하지만 이들에게는 생활의 또 다른 부분이 있다. 모든 것을 다시 곱씹는 두 번째 인생이다. 이들은 글을 쓰기 위해 자리에 앉을 때마다 자신의 인생을 다시 들여다보고 그 모습을 면밀하게 음미한다.

– <뼛속까지 내려가서 써라>, 나탈리 골드버그

현재 인간의 평균 수명은 100세에 다다랐다. 과학과 의학은 눈부시게 발전해 왔다. 곧 평균 수명이 140세가 될 것이라고 주장하는 과학자들도 나오기 시작했다. 자, 진짜 100세 시대다. 당신은 인생 후반전을 어떻게 준비할 것인가?

우리는 당장 눈앞만 생각하는, 하루하루 허둥지둥 살아가는 삶에서 벗어나야 한다. 즉, 좀 더 인생을 길게 내다볼 줄 아는 지혜를 가져야한다. 실제로 인생이 길기 때문이다.

인생 초반에는 성공했다 해도, 명퇴 후 인생 후반전에 할 일 없이, 취직도 되지 않고, 무료하게 인생을 보낸다면 그것은 성공한 삶이라고 할수 없다. 그런 점에서 책 쓰기만큼 성공을 보장하는 일도 없다. 책 쓰기는 최소한 평생 노트북의 타자를 칠 힘만 남아 있다면 할 수 있는 최고의 평생 직업이기 때문이다.

여러분의 은퇴 후 제2의 인생을 상상해 보자. 인생 이모작, 삼모작까지 생각해야 한다. 너무 당장 앞만 보고 달리면 나중에 크게 후회하게된다. 책 쓰기 기술이나 경험이 없는 사람과 책을 많이 써 본 경험이 있는 사람은 인생 후반전이 다르다. 차원이 다른 삶을 살게 되는 것이다.

이 중 당신은 어떠한 노후를 준비할 것인가?

개그맨으로 지금도 여러 방송 활동을 하고, 일산에서 성공적으로 음식점을 운영하는 성공한 외식업 사업가이기도 한 방송인 고명환 씨도필자의 책 쓰기 수업에 정식으로 참여한 졸업생 중 한 명이다.

그가 대중적으로 관심과 사랑을 받은 방송인임에도 책 쓰기에 도전한 이유가 무엇일까?

인생은 생각보다 굉장히 길기 때문이다.

또, 고명환 씨뿐만 아니라 개그맨이자 방송인이시면서 지금은 명문대 대학원까지 다니시는 최형만 씨도 칼리지에 입학하여, 몇 달 만에 책을 출간하기까지 했다.

이렇게 방송인, 사업가, 직장인 등 어떤 직종이든을 막론하고 수많은 사람이 책 쓰기에 도전하는 이유는 이제 단 한 가지 직업이나 자격증으로는 버티기에 인생이 실제로 너무 길어졌기 때문이다. 평균 수명이 40세에 불과하던 시대에는 한 번 취업하면 그곳이 평생직장이 되었다. 하지만 지금 그러한 환경은 기대할 수도, 상상할 수도 없다. 직업이 수없이 많이 달라지고 변화하는 시대에 우리가 살고 있기 때문이다.

책 쓰기로
좀 더 나은 삶 살기

책 쓰기는 이 시대가 낳은 최고의 자기 계발 수단이다.

과거에는 책을 쓴다는 일이 매우 위험한 일이어서 목숨까지 걸어야 했다. 그리고 아무나 책을 쓸 수도 없었다. 일단 문맹들도 많았다. 그러니 지금처럼 책 쓰기 좋은 시대는 여태까지 없었다고 보아도 좋다.

인류 역사상 책을 집필하기에 지금처럼 좋은 환경과 여건을 갖춘 시대는 찾아보기 힘들 정도다. 이 시대는 누구라도 어느 정도 읽히는 책을 쓰면, 부와 명성을 쉽게 얻을 수 있는 정말 멋진 시스템을 갖추었다.

즉, 지금 이 시대를 살면서 책을 쓰지 않는다면 그것은 가장 큰 낭비를 의미할 정도이다.

책 쓰는 일은 부가가치가 매우 높다. 단 한 권의 책을 통해 인생이 완전히 달라지고, 신분 상승도 하고, 부도 축적한 사람들이 우리 주위에는 적지 않다.

물론 사업을 해서 성공한 사람도 있고, 장사를 해서 성공한 사람도 있다. 하지만 책 쓰기만큼 부와 명예를 함께 가져다주는 일은 쉽게 찾을 수 없다.

책 쓰기는 이 시대에 가장 강력한, 인생을 바꾸는 힘이 되기도 했다. 이를 아무도 부인할 수 없다. 게다 시나 소설처럼 예술적인 재능이 꼭 필요한 문학이 주류에서 비주류로 벗어나면서 책 쓰기는 이 시대 최고의 자기 계발 도구이자, 성공의 수단이 되었다.

보통 책을 쓴다고 하면, 시나 소설처럼 문학이 장르의 전부였던 시대가 있었다. 하지만 이제는 '책 쓰기'라고 하면, 시나 소설을 제외한 삶과 연결된 실용서, 자기 계발서 등을 쓰는 작가를 먼저 떠올리는 시대가 되었다.

다시 말해 '책 쓰기 수업'이라고 하면, 시나 소설 쓰기를 가르치는 수업이 아니라, 실용서, 자기계발서, 자서전 등과 같은 실용 위주의 책 쓰는 법을 알려 주는 수업이겠구나 누구나 짐작하게 되었다.

이러한 사실을 입증이라도 하듯, 책 쓰기 수업엔 적지 않은 사람들이 모여들고 있다. 이야말로 새로운 시대, 어제와 다른 시대에 우리가 살고 있고, 그 새로운 시대의 대세는 '책 쓰기'라는 사실을 우리에게 보여 주고 있는 것은 아닐까?

책 쓰기!
더 이상 혁명이 아니다

책 쓰기는 이제 더 이상 혁명이 아니다. 누구나 시도해야 하는 필수다. 이는 책 쓰기가 결혼이 아닌 연애가 되었다는 의미이다. 책 쓰기를 하면 성공하고, 안 하면 그냥 안 하는 시대인 것이 아니라, 이제는 안 하면 망하는 시대라는 냉혹한 현실을 직시해야 한다는 것이다.

공부가 선택이 아닌 필수로 변한 50년 전의 시대상을 떠올려 보자.

50년 전에는 공부가 '선택'이었다. 공부해서 더 많이 배운 사람은 좀 더 나은 인생을 살 수 있었다. 하지만 필수는 아니었다. 형편이 안 되면 할 수 없었고, 배울 수도 없었다. 하지만 지금 우리는 공부가 필수가 된 사회에 살고 있고, 학구열 덕분에 한강의 기적도 일어났다. 공부가 필수가 되자, 한국이 급성장해 경제 대국으로도 발돋움할 수 있었다.

책 쓰기도 이제 선택에서 필수로 전환되었다. 이 시대는 '책 쓰기 필수의 시대'다. 명심하자.

책 쓰기가 더 이상 성공한 사람만이 시도하는 성공의 필수 조건이 아니라, 망하지 않는 필수 조건이 되었다는 사실을.

그렇다고 기분 나쁠 필요는 없다. 누구나 공부를 해야 하는 것처럼, 책 쓰기도 그렇게 된 것 뿐이다.

책 쓰는 일에는 재미있는 측면이 많다. 그래서 책 쓰기의 즐거움에 관한 수많은 명언을 기억할 필요가 있다.

"나는 알고 있다.

누구나 글을 쓸 수 있고, 누구나 작가가 될 수 있다는 것을. 그런 사실을 받아들이고, 자기를 알고, 자기를 믿으려면, 글과 씨름을 할 필요가 있다는 것을.

또한 나는 알고 있다.

그 씨름을 계속하려면 믿음과 용기가 필요하다는 것을. 또한 알고 있다. 글쓰기는 누구에게나 무한한 가치가 있다는 것을."

– <누구나 글을 잘 쓸 수 있다>, 로버타 진 브라이언트, 6p.

"몽상가는 꿈을 꾸고, 작가는 글을 쓴다. 시편들, 소설들, 온갖 책들은 모두 아이디어와 상상력과 꿈의 결실이다. 그런데 그 결실을 가능케 하는 것은 오직 행동-글쓰기-이다. 애오라지 당신만이 말할 수 있는 무수한 이야기가 있다. 그것을 말하라! 정열적으로, 최대한 참되고 즐겁게! 당신은 지금 당장이라도 작가의 꿈을 펼칠 수 있다."

– <누구나 글을 잘 쓸 수 있다>, 로버타 진 브라이언트, 11p.

더 이상 혁명이 아닌 책 쓰기를 이제 당신도 시작해야 한다. 책 쓰기를 시작하기 전에 당신이 먼저 해야 할 일이 있다면 스스로를 대단한 사람이라고 존경하는 것이다.

니체의 이 말처럼 말이다.

"자신을 대단치 않은 인간이라 폄하해서는 안 된다. 그 같은 생각은 자신의 행동과 사고를 옭아매려 들기 때문이다. 맨 먼저 자신을 존경하는 것부터 시작하라. 아직 아무것도 하지 않은 자신을, 아직 아무런 실적도 이루지 못한 자신을 인간으로서 존경하는 것이다. 자신을 존경하면 악한 일은 결코 행하지 않는다. 인간으로서 손가락질당할 행동 따윈 하지 않게 된다. 그렇게 자신의 삶을 변화시키고 이상에 차츰 다가가다 보면, 어느 사이엔가 타인의 본보기가 되는 인간으로 완성되어 간다. 그리고 그것은 자신의 가능성을 활짝 열어 꿈을 이루는 데 필요한 능력이 된다. 자신의 인생을 완성시키기 위해 가장 먼저 스스로를 존경하라."

– <니체의 말>, 시라토니 하루히코, 21p.

책 쓰기를 완성하기 위해 당신에게 가장 필요한 첫 번째 의식 혁명은 '스스로를 존경하는 것'이다. 당신이 아마 책 쓰기를 시작하면 곧, 이 말이 왜 꼭 필요한 말인지를 뼈저리게 깨닫게 될 것이다.

독서를 대체하는 책 쓰기

책 쓰기가 더 이상 혁명이 아닌 한 가지 이유는 책 쓰기가 이제는 독서를 대체할 수 있기 때문이다. 과거에는 책 쓰기와 독서는 별개의 행위였다. 하지만 지금은 책을 써도 독서의 효과를 다 누릴 수 있게 되었다.

세상에 출간되는 책이 너무나 많아졌고, 책을 쓰면, 자연스럽게 타인의 책을 읽고 접하게 된다. 심지어 좋은 책을 쓰고 싶거나 빨리 책을 쓰고 싶다면 자연스럽게 많은 책을 접해야 한다. 책 쓰기가 독서의 수준을 뛰어넘었던 과거와 달리 이제는 독서의 수준으로 전락되었다는 이야기인지도 모른다.

또 기존의 독서는 여러 가지 문명의 이기와 기술 덕분에 또 한 단계 수준이 떨어졌다. 바로 이북과 오디오북 덕분이다. 이북은 그렇다 쳐도, 오디오북은 정말 기존 독서의 모든 것을 바꾸어 놓았다.

오디오북으로 독서를 많이 한 사람이 과연 기존 독서 대가들이 경험한 독서 혁명을 제대로 경험할 수 있을까? 오디오북으로 독서했을 때, 그에 발전과 성장이 있을까?

물론 정답은 없다. 또, 사람마다, 작가마다 답변은 다를 것이다.

하지만 오디오북이 시간이 없는 현대인에게 하나의 대안이 될 수 있는 것은 사실인 듯하다. 하지만 나는 가급적 종이책을 추천하고 싶다.

이렇게 시대가 달라지면 과거에는 없었던 방법과 전략, 스타일, 유형이 탄생한다. 책 쓰기도 마찬가지다.

시대가 달라졌다. 정답은 없다. 하지만 많은 것을 시도하고 도전해 볼 만한 가치는 충분하다.

그러니 이제 조금 더 시간이 흐르면 "독서하지 말고 책 쓰기만 하면 어떨까?"라고 많은 독자가 반문할지도 모른다.

책을 쓰려면, 독서를 많이 해야 하니까 말이다. 이 말도 정답이다. 하지만 더 놀라운 사실이 있다. 50년 동안 책만 읽은 사람과 같은 기간 동안 책만 쓴 사람이 있다면, 누가 더 큰 발전과 성장, 심지어 인생에서 성공과 부를 획득할 수 있을까? 한 번 상상해 보라.

또, 누군가에게 10년이 주어졌을 때, 그 기간 동안 책만 읽은 사람, 책만 쓴 사람, 읽기와 쓰기를 병행한 사람, 이렇게 세 종류의 사람이 있다면, 누가 가장 현명할 사람일까?

필자는 능력이 된다면 '책만 쓰는 사람'이 되는 것이 가장 좋다고 생각한다.

평범한 사람이라면 읽기와 쓰기를 병행하는 사람, 혹은 먼저 5년은 읽기만 하고, 후반부 5년은 쓰기만 하는 사람이 되는 것도 좋지만, 읽기와 쓰기를 병행하는 것이 더 효율적이라고 생각한다.

책 쓰기와 책 읽기를 분리하지 말고 하나라고 생각하자. 책을 쓰는 것이 바로 읽은 것이며, 훨씬 더 강력한 성장과 발전을 하는 길이라고 생각하면 좋을 것 같다.

제3장

만들어진다
하루아침에
베스트셀러는

누구나 쓸 수 있다

"다른 어떤 일을 할 때에도 마찬가지겠지만 글쓰기를 하고 싶다면 일정한 기술이 필요하다. 훌륭한 타자가 되고 싶다면 투수가 던진 공에 시선을 집중하는 법이나 올바로 타격하는 법을 배울 필요가 있다. 뛰어난 피아니스트가 되고 싶다면 악보를 읽고 건반 위에서 손가락 움직이는 법을 배울 필요가 있다. 이렇게 운동선수나 음악가와 마찬가지로 글 쓰는 사람 역시 글을 잘 쓰기 위해서는 일정한 기술이 필요하다는 말이다."

– <하버드 글쓰기 강의>, 바버라 베이그, 10p.

이제는 더 이상 대학 졸업장이나 자격증이나 스펙이 먹히지 않는 시대다. 의사나 변호사, 회계사, 심지어 부동산 전문가나 방송인, 강사조차도 자신의 이름으로 된 책 한 권이 있느냐 없느냐로 진열이 나눠진다.

자신의 이름을 달고 세상에 나온 책 한 권이 과거의 대학 졸업장과 맞먹는 시대다. 과거에는 대학교를 졸업하지 않으면 왠지 모르게 스스로 위축되었고, 기가 죽었다. 이제는 대학교 졸업장 대신 자신의 이름으로 쓴 책 한 권이 없으면, 왠지 모르게 위축되고, 기가 죽는다. 시대가 너무나 달라졌기 때문이다.

"누구나 책을 쓰는 시대고, 누구나 할 수 있다."

지금 대세는 책 쓰기다. 그런데 이 대세를 거스르고 자신은 책을 안 써도 성공할 수 있고, 잘 먹고 잘살 수 있다고 고집 피우는 것은 우리나라에 처음 기차가 도입되어, 부산에서 서울까지 기차를 타면 빨리 이동하는 데도 굳이 걸어서 부산에서 서울까지 가겠다는 것과 다름없다.

책 쓰기는 이 시대의 기차다. 어쩌면 기차보다 더 빠르고 놀라운 '비행기'일지도 모른다. 우리를 좀 더 높게, 멀리, 성장시키고, 도약시키는 가장 강력한 무기이기 때문이다.

나는 많은 책 쓰기 성공 사례 중에 일곱 분의 사례를 먼저 소개하고 싶다.

◑ ○ ◑ ○ ◐

[김병완 칼리지 책 쓰기 성공 사례]

첫 번째는 부동산 전문가이신데, 책 쓰기 수업 때는 자신이 어떻게 책을 쓸 수 있을지에 대해 의구심을 가졌지만, 지금은 인세로만 1억에 육박하는 수익을 내는 베스트셀러 작가의 반열에 오른 사람이다. 이

수강생이 필자에게 수업을 들은 지 1년도 채 안 되었다.

두 번째는 딸이 수업을 듣고, 계약 및 출간으로 좋은 성과를 거두자, 아버님도 필자의 책 쓰기 수업에 참여하게 된 경우다. 이분은 박사 학위는 수료는 물론이고, 책도 열 권 이상 출간하신 기성 작가이시다. 그럼에도 현재 필자의 책 쓰기 수업에 참여하고 있다. 아마 지금 이 책이 출간될 쯤에는 이분의 책도 출간된 상태일 것이다.

세 번째는 남편이 먼저 책 쓰기 수업을 듣고 계약하자, 아내까지 듣고 아내도 계약한 경우다. 이렇게 부부가 연이어 책 쓰기에 도전하는 경우가 칼리지에 흔하다. 책 쓰기가 이제는 정말 전문가의 영역이 아닌 누구나 해야 하는 대중의 영역으로 내려온 셈이다. 일반 대중의 수준이 높아졌다는 이야기인지도 모르는데, 나는 후자라고 생각한다.

네 번째는 평범한 영업 사원인 젊은 친구가 책 쓰기 수업을 듣고 책을 출간한 경우인데, 베스트셀러는 되지 않았지만, 그 책을 잘 홍보해서 강사, 1인 기업가로 강남에 사무실을 차려, 잘 사는 경우이다. 실제 수익도 직장 다닐 때보다 훨씬 좋다고 한다.

다섯 번째는 평범한 가정주부가 필자의 적극적인 추천으로 책 쓰기 수업을 들었다가, 책이 출간되어 각종 매스컴과 인터뷰하고, 여기저기

강의 요청이 많이 들어와, 아예 강사로 맹활약 중인 경우다.

여섯 번째는 방송인이셨던 개그맨이 수업에 참여하여, 여러 출판사로부터 계약 요청을 받은 후에, 어떤 출판사와 계약할 것인가를 행복하게 고민한 사례다. 바로 앞서 언급한 최형만 씨, 고명환 씨 사례. 이 두 분의 수업 시간은 정말 재미있고 즐거웠다. 보통 수업이 저녁 7시에 시작해 10시에 끝나지만, 고명환 씨와 함께한 수업 시간은 새벽 2시 혹은 4시까지도 진행된 적이 있다.

일곱 번째는 북한 아오지에서 태어난 탈북 여성분의 이야기다. 우리는 말로만 듣던 북한 아오지 탄광 근처에서 태어나, 목숨 걸고 어린 딸과 함께 탈북을 시도했다. 무사히 남한에 들어와 10년 동안 사셨다고한다. 이 10년간의 특별한 삶의 기록을 책으로 쓰고 싶다고 하셨다. 북한에선 아오지에서 살다가 남한에선 주상복합 아파트 30층에 살게 되신 분이다. 학벌도, 스펙도, 연고지도, 인맥도, 기술도 없던 그분이 10년 만에 이 경쟁이 심한 남한에서 성공한 스토리이기에 더욱더 인상에 남았던 것 같다.

이분들 외에도 많은 성공 사례가 있다. 일일이 다 열거하고 소개하기에는 지면이 너무 부족할 것 같아, 이쯤에서 멈추겠다.

쓰기를 두려워할
필요가 없다

예술가여, 작가여, 무엇이 두려운가?

두려움 없이 도전하고 결단하고 거침없이 써 내려가라.

필자가 운영하는 책 쓰기 수업의 특징 중 하나는 20대부터 70대까지 나이에 상관없이 누구나 도전할 수 있고, 성공할 수 있다는 점이다. 나이 80이 다 되신 할머니도 여기선 책 쓰기에 도전한다. 정말 감동이다. 그러니 두려워하지 말고 도전하자. 앞서 말했듯 책 쓰기는 선택이 아닌 해야만 하는 필수이기 때문이다.

두려움은 결국 마음의 문제다. 베스트셀러는 하루아침에 만들어진다. 베스트셀러를 만들지 못하게 만드는 가장 큰 방해물은 바로 '두려움'이다.

두려움을 극복하는 최고의 방법은 두려움을 생각하지 말고, 다른 것에 '몰입'하는 것이다. 즉, 책 쓰기에 몰입하라. 하지만 이것이 쉽지는 않다.

책 쓰기에 몰입하는 일을 도울 가장 좋은 현실적인 조언은 이것이다. 가장 빨리 책을 쓰려고 노력하고 그것에만 집중하라는 것이다. 잘 쓰려고 하지 말고 가장 빨리 쓰는 데에만 집중하는 것이다.

여기에는 굉장한 효과가 있다. 일단 책 쓰기에 오롯이 집중하면 다른 생각은 하나도 들지 않는다. 코로나 블루에도 걸릴 일이 없다. 걱정, 근심, 염려, 두려움이 책 쓰는 그 순간에는 다 사라지기 때문이다.

세상에 존재하면서 책을 쓰지만, 책 쓰기의 강력한 몰입감 안에서는 세상 밖에서 책을 써 내려가는 느낌을 경험하게 된다.

두려움이 많은 사람일수록 책 쓰기에 몰입하고 집중하자. 물론 처음부터 완벽하게 집중할 수는 없다. 하지만 하면 할수록 더 쉽게 집중하며 몰입을 경험할 것이다. 처음에는 30분만 집중해도 무척 잘하는 것이다.

두려워서 시작조차 않는 것보다는 하루 10분이라도 집중해서 하는 것이 중요하다. 하루 10분이 30분이 되고, 30분이 한 시간이 될 수 있다. 그 과정에서 두려움은 사라지고, 서서히 책 쓰기의 기쁨을 맛보게 될 것이다. 세상의 모든 일은 이러한 순서로 바뀐다. 피할 수 없을 때 즐기는 것이 아니라, 즐기기 때문에 두려움이 더 없어진다. 즐기려고 노력해 보자. 처음부터 쉽지는 않지만, 차츰 달라질 수 있다.

평범할수록 써야 한다

> "책 쓰기는 누구나 할 수 있다. 즉 누구나 작가가 될 수 있다. 그러므로 결단하고 도전하라. 동양 고전에 결단하고 행동하면 귀신도 무서워서 도망간다고 했다. 결단하고 행동하면 몇 개월 후에는 당신의 이름으로 된 책 한 권이 이 세상에 모습을 드러낼 것이다. 그 감격의 순간을 꼭 맞이하기 바란다."
>
> – <김병완의 책 쓰기 혁명>, 26p.

당신이 평범하다면, 평범할수록 더 책을 써야 한다. 책 쓰기가 당신의 평범함을 몰아내고, 비범함을 끌어들이는 일이기 때문이다.

작가가 된다는 것은 그 자체로 하나의 큰 도전일 뿐만 아니라 당신의 인생을 완전히 뒤바뀌어 놓을 만한 엄청난 일이다. 그렇기 때문에 인생 최고의 도전이라고 할 수 있다.

"왜! 인생 최고의 도전을 해야 하는 것일까?"

"왜! 가능할지 아닐지도 모를 위험한 도전을 해야 하는 것일까?"

책 쓰는 작가가 된다는 것은 자신을 세상에 발가벗겨서 내놓는 일이기에 한편으론 매우 위험하다. 하지만 그런 위험을 무릅쓰고라도 도전해야 하는 이유가 있다면 무엇일까? 바로 당신이 그것을 미칠 만큼 좋아하고 원하기 때문이다. 두 번째 이유는 도전하지 않으면 아무것도 달라지지 않기 때문이다.

"모든 것의 시작은 위험하다. 그러나 무엇을 막론하고, 시작하지 않으면 아무것도 시작되지 않는다."

나는 프리드리히 니체의 이 말을 좋아한다. 이 말을 기억하자.

내가 망설일 때 다른 누군가는 이미 꾸준히 글을 쓰고 자신의 이름으로 된 책을 세상에 당당히 내놓고 있다는 사실도 기억하자. 책과 함께한 지난 세월 동안 나는 삶의 가장 큰 의미는 도전하지 않고, 그럴 용기도 없을 때, 절대로 발견되지도, 발견할 수도 없는 것임을 깨달았따.

"우리에게 시도할 용기가 없다면 삶이 도대체 무슨 의미가 있다는 말인가?"

세상이 요구하는 삶을 과감하게 거부하고 살아간 빈센트 반 고흐의 말이다. 그의 이 말처럼 당신이 뭔가 시도할 용기를 가지고 있지 않다면 당신에게 삶은 아무 의미 없는 것이 될지도 모른다. 중년에 안정적인 직장을 과감하게 포기하고 화가로 인생을 용기 있게 시작하는 사람도 있다. 즉, 시도하고 도전할 용기조차 없다면 아무것도 이루어지지 않는다. 아무것도 기대할 수 없는 인생에 그 어떤 의미를 당신은 스스로 부여할 수 있을 것인가?

〈마흔 살의 철학〉이란 책 속에서 작가인 가와기타 요시노리는 우리에게 아래와 같은 말을 해주었다.

> "아직 이루지 못한 것이 남아 있다는 것, 아직 삶에 채워 넣어야 할 것이 존재한다는 건 스트레스가 아니라 축복이다. 정리해고를 당했다고 절망할 필요도 없고, 아직 성공하지 못했다고 해서 우울해할 이유도 없다. 성공하는 인생은 좋은 직업이나 돈으로 이루어져 있지 않다. 세상에는 부자도 많지만, 가난해도 행복하게 사는 사람들도 많다. 중요한 건 살아야 할 이유와 보람이다. 자신이 살아야 할 이유와 보람을 찾는 일에 노력하는 사람은 늙지 않는다. 늙을 시간이 없다."

당신에겐 아직 이루지 못한 것이 남아 있다. 당신의 이름으로 된 책을 출간하는 것, 작가로서의 삶을 사는 것, 세상에 당신이란 존재를 알리고 당당히 보여 주는 일 등을 해야 한다. 즉, 당신은 아직 당신의 삶속에 채워 넣어야 할 것이 존재하는 미완의 존재다.

그러므로 도전해야 한다. 그리고 그러한 도전이 당신에게는 살아야할 또 다른 이유가 되고 살아가는 보람이 되어 줄 것이다.

"작가는 태어나는 것이 아니다. 스스로 만들어 나가는 것이다. 결국 작가는 만들어지는 것이다."

또 이 말을 명심하자. 당신이 지금까지 작가가 되지 못한 단 한 가지 이유는 능력이 없어서도 아니고 시간이 없어서도 아니다. 바로 결단하지 않았기 때문이고, 시작하지 않았기 때문이다. 그 결과 스스로 자기 자신을 작가로 만들지 않았을 뿐이다. 작가는 능력이 뛰어난 사람만이 되는 것이 절대 아니며, 시간이 많은 사람만이 도전할 수 있는 시간과의 싸움도 아니다. 작가는 자기 자신과의 싸움이며, 그 싸움에서 이겨낸 사람만이 작가가 된다. 작가는 자기 자신과 싸워야 하는 존재인 것이다.

데이비드 베일즈의 〈예술가여, 무엇이 두려운가!〉라는 책에서는 자신과의 싸움에서 승리하는 비법에 대한 힌트를 주는 문장이 나온다.

"만일 마음속으로 넌 화가가 아냐, 라고 말하고 있다면 모든 수단을 다 해서 그림을 그려라. 그러면 그 소리는 잠잠해질 것이며, 오직 작업을 통해서만 그렇게 될 것이다."

결국 작가로 산다는 것은 예술가로 산다는 것이며 두려움과 마주하는 일이다. 분명한 사실 하나는 자신을 작가로 만들기 위해서는 두려움과 마주해야 하고, 두려움과 싸워야 하고 이겨내야 한다는 사실이다.

책 쓰기의
임계점을 돌파하라

평생 동안 하루도 빠지지 않고, 책을 조금씩 읽어서, 천 권의 책을 읽은 사람은 매우 훌륭한 사람이다. 하지만 그만으로 사고와 의식의 임계점을 뛰어넘을 수는 없다. 마치 우리가 매일 물을 끓이는데, 10분 정도 끓이다가, 물의 끓는 점 100도 아래인 50도나 90도에서 항상 그만두는 것을 평생 반복하는 것과 다를 바 없다.

평생 살면서, 꾸준히 매일 독서하는 습관은 매우 훌륭한 습관이다. 하지만 이것과 별도로, 인생을 살면서, 한 번 정도는 단 기간 내에 수천 권의 책을 독파해 버리는 경험도 한 번쯤은 해봐야 한다. 그러한 집중 독서를 통해, 우리의 의식과 사고는 비약적으로 도약하고, 독서의 임계점도 비로소 뛰어넘게 된다. 단기간의 폭발적인 독서야말로 인생을 혁명하고도 남을 정도의 강력한 위력을 지닌다. 천지가 개벽하듯, 단기간의 폭발적인 독서는 인생을 송두리째 뒤바꿔 놓는다.

단기간의 폭발적인 독서를 통해 집중적으로 천 권 이상의 책을 독파하면, 독서의 임계점을 훌쩍 뛰어넘어, 마음과 사고와 의식이 상상도 하지 못할 수준으로 비약적으로 도약하는 것을 체험하게 되고, 그러한 체험을 경험한 사람은 그런 경험을 하지 못한 사람에 비해 사고와 의식의 폭과 깊이가 매우 넓고 깊어진다. 이런 이유에서 평생 동안 꾸준히 책을 읽어 천 권의 책을 읽은 사람보다, 단기간에 집중적으로 책을 읽어 천 권 이상의 책을 독파해 내는 사람이 더 유익하고, 더 많이, 그리고 더 빨리 인생을 바꾸게 되는 것이다.

이것이 바로 독서의 임계점을 돌파할 때 발생하는 폭발적인 독서의 위력이다. 폭발적인 독서로 임계점을 돌파해 보지 못한 사람은 크게 성공할 수 없다. 큰 성공도 성공의 성취에 있어서, 어떤 일정한 임계점을 돌파한 결과가 성공이란 이름으로 자신에게 주어지는 것에 불과하다. 그것은 폭발적인 독서를 통해, 임계점을 돌파해 본 경험이 있는 사람이 그 사실을 잘 알고 있기 때문에 일에서의 임계점도 돌파해 내는 것과 같다.

어제와 다른 삶을 꿈꾸고, 인생에서 한 번쯤 큰 도약을 갈망하는 사람이라면, 이러한 임계점을 경험해 보아야 한다.

임계점을 돌파하면 모든 것이 달라진다. 책 쓰는 법도 이와 다르지 않다. 책 쓰기의 임계점을 돌파하는 순간 누구보다 빨리 책을 쓸 수 있는 사람이 되는 것이다.

성공에는 분명한 법칙들이 있다. 그중 하나는 스톡홀름 대학교의 앤더스 에릭슨K.Anders Ericsson박사가 주장한 '10년 법칙'이다. 이 법칙은 '어떤 분야에서 최고 수준의 성과와 성취에 도달하려면 최소 10년 정도는 집중적인 사전 준비를 해야 한다'고 말하는 법칙이며, 다시 말해, 어떤 특별한 분야에서 실제적으로 활동해 나가면서, 세계적인 수준으로 자신을 자리매김하기를 원한다면, 최소한 10년 정도는 그 분야에서 지속적으로, 그리고 꾸준하게 훈련해야 한다'는 의미이다.

하지만 이 '10년 법칙'을 다시 이야기해 보면, 특별할 것이 없는 보편적인 진리에 불과한 이야기를 좀 더 그럴듯하게 포장하여 세상에 내놓으면서 법칙으로 승화시킨 이야기에 불과하다는 것을 알 수 있다. 왜냐하면 '10년 법칙'이란 결국 "자기 분야에서 크게 성공하려면, 한눈팔지 말고, 적어도 십 년 이상은 그 길만 열심히 가라. 그러면 그 분야에서 인정받는 대가가 될 수 있다"는 당연한 이야기를 좀 더 많은 사례와 근거, 뇌 과학적인 토대를 바탕으로 언급한 것에 불과하기 때문이다.

그럼에도 우리가 이 법칙에 열광하는 것은, 그것이 사실이기 때문이다. 그리고 누구라도 그렇게 했을 때, 대가가 될 수 있다는 희망과 가능성이 그 법칙에 녹아들어 있기 때문이다. 이 '10년 법칙'은 다시 '1만 시간의 법칙'이라 부를 수도 있다. 그것은 하루 세 시간씩, 일주일에 스무 시간씩, 10년간 연습한 경우, 시간으로 바꿨을 때, 1만 시간 연습한 것과 같기 때문이다.

이 1만 시간은 매일 10시간씩, 3년 동안 연습한 것과 같은 시간이기도 하다.

그렇다면 독서의 경우는 어떨까? 평생 동안 매일 30분씩 독서한 사람과, 10년 동안 3시간씩 독서한 사람, 3년 동안 10식간씩 독서한 사람이 있다면, 누가 가장 많은 독서 효과를 얻게 될까?

말할 것도 없이 3년이라는 단기간에 10시간씩 폭발적으로 독서한 사람이다. 독서에도 임계점이 있기 때문이다. 그 임계점을 뛰어넘을 때까지 독서하게 되면, 한 번도 가지 못한 경지에 이른다. 그때가 바로 폭발적인 독서를 통해 임계점을 돌파하는 순간인 것이다.

물론 여기에는 10년이라는 긴 시간이 필요하다. 이것은 진리다. 그럼 다른 방법, 다른 길은 없을까?

있다. 가장 빨리 책을 쓰는 법은 그리고 그 지름길에 관한 대답이기도 하다.

가장 빨리 책을 쓰고 싶다면 책 쓰기의 임계점을 돌파하는 것도 하나의 방법이 된다. 하지만 책 쓰기의 임계점을 돌파하지 못한 사람이라고 해서 가장 빨리 책을 쓸 수 없는 사람이 되는 것은 아니다. 하늘이 무너져도 솟아날 구멍은 있다. 호랑이 굴에 잡혀 들어가도 정신만 차리면 살아나올 수 있다.

다시 한번,
잘 쓰려고 하지 마라

베스트셀러는 하루아침에 만들어진다. 명심하자. 무조건 시간을 많이 투자한다고 해서 좋은 책이 나오는 것은 아니다. 하루아침에 만들어지는 것이 베스트셀러다.

잘 쓰려고 해서는 안 된다. 그것이 중압감이 되어 한 글자도 못 쓰게 될 수 있기 때문이다. 매일 즐기면서 많이 쓰는 것이 좋다. 여기서 중요한 것은 즐기는 것이 아니라 '많이 쓰는' 것이다.

그렇게 되기 위해서 한 가지 주의해야 하는 것이 있다. 그것은 바로 '너무 잘 쓰려고 하지 말라'는 것이다. 잘 쓰려고 애를 쓴다고 진짜 더 잘 쓸 수 있는 것이 아니기 때문이다. 많이 쓰다 보면 잘 쓸 수 있고, 잘 쓴 책도 많이 나오게 된다.

탁월함을 만드는 것은 재능이 아니라 습관이다. 좋은 책을 많이 쓰고 싶다면, 재능을 먼저 만들 것이 아니라 재능이 발산될 습관을 먼저 만들어야 한다. 습관을 형성하는 데 가장 큰 방해물은 너무 잘 쓰려고 처음부터 욕심을 내는 태도다.

습관 형성이 중요한 이유에 대해서는 이미 여러 번 이야기한 바 있다. 하지만 위대한 현인들의 탁월함에 관한 통찰력을 다시 살펴보자.

> "탁월한 사람이라서 올바르게 행동하는 것이 아니라, 올바르게 행동하기 때문에 탁월한 사람이 되는 것이다. 현재의 우리는 우리가 반복적으로 하는 행동의 결과이다. 즉, 탁월함은 행동이 아니라 습관이다."

고대 철학자 아리스토텔레스의 이 말처럼 탁월함을 만드는 힘은 그 사람이 탁월한 사람이라서, 혹은 재능이 있는 사람이라서가 아니라, 반복적으로 행하는 행동 즉, 습관에 있다.

동양의 현자인 공자도 인간에게 있어서 습관이 매우 중요하다는 사실을 다음과 같이 말한 적 있다.

> "공자께서 말씀하셨다. 인간은, 천성은 서로 비슷하지만 습관에 의해서 완전하게 달라진다."

〈논어〉 '양화편'에 나오는 이 말의 본보기는 바로 공자 자신이었다는 사실을 또한 우리는 알아야 한다. 공자는 자신도 처음부터 훌륭한 학자가 아니었다고 말한다. 자신도 다른 사람과 비슷했지만, 습관을 통해

도약할 수 있었다고 말이다.

그렇다면 탁월함은 가르칠 수 있는 것인가? 먼저 탁월함을 얻은 이들을 통해서 쉽고 빠르게 배우거나 전수받을 수 있을까? 탁월함을 만드는 것은 습관뿐이란 말일까?

이러한 질문에 대해 소크라테스는 대답한다. "탁월함은 가르칠 수 없는 것이므로, 스스로 이루어내야만 하는 것"이라고.

> "소크라테스: 그런데 교사들도 없고 학생들도 없는 그런 문제는 가르쳐질 수 없는 것이라는데 우리가 동의했지?
>
> 메논: 동의했습니다.
>
> 소크라테스: 그러면 탁월함의 교사들은 어디에도 없는 것으로 보이지 않는가?
>
> 메논: 그렇습니다.
>
> 소크라테스: 그런데 교사들이 없다면, 학생들도 없겠지?
>
> 메논: 그렇게 보입니다.
>
> 소크라테스: 따라서 탁월함은 가르쳐질 수 있는 게 아니겠지?"

플라톤의 〈대화편〉 중 하나인 '메논'에 나오는 이 대화는 탁월함은 가르침이나 배움을 통해서 갖출 수 없는 것이라는 사실에 대해 소크라테스가 못을 박는 대목이다. 결국 탁월함은 스스로 구하고 얻어내야 하는 것이다.

그런 점에서 탁월함을 만들 수 있는 유일한 방법은 스스로 형성하는 '습관'뿐이다. 그리고 이러한 습관도 자신의 생각에서 비롯되어 그것이 행동이 되고, 그 행동이 반복될 때 습관화 된다는 것을 우리는 알아야 한다. 또, 우리가 탁월해지기 위해 가장 중요한 것은 습관을 형성하는 씨앗이 되는 명확한 생각이라고 할 수 있다.

제4장

망하거나!
책을 쓰거나
지금 당장

자신에게
기회를 주는 삶을 살아라

"지구 구석구석은 기다리는 사람들로 가득하다.

자신이 마냥 기다리고 있다는 사실을 대부분은 모르며, 그 기다림이

헛수고라는 사실을 모르는 사람들은 훨씬 더 많다.

간혹 이들이 미명에서 깨어나는 경우도 있지만 사람들을 실제로 행동

에 나서도록 해주는 사건은 너무 뒤늦게 찾아온다. 가만히 앉아서 기다

리기만 하다가 왕성하던 젊음과 기운이 다 사라져 버린 뒤에 말이다.

그래서 많은 이들이 '뛰어올라야 하는' 그 순간 팔다리는 감각을 잃고

영혼은 너무 둔해졌다는 사실을 깨닫는다. 스스로에 대한 믿음을 잃어

영영 쓸모없는 존재가 돼버린 그들은 혼자 중얼거린다.

'너무 늦어 버렸어.'"

– 프리드리히 니체

"물을 바라보는 것만으로는 바다를 건널 수 없다."

인도 최대의 문학자인 라빈드라나드 타고르Rabindranath Tagore의 이 말은 10년 후 후회하지 않을 인생을 살아가기 위해 가장 필요한 삶의 자세에 대한 깨달음을 건넨다.

우리는 지금까지, 혹은 지금의 일부분은 물을 바라보고만 있었는지도 모른다. 그리고 그 결과 지금 이렇게 살아가는 것인지도 모른다. 우리에게 필요한 것은, 최소한 10년 후에는 다른 삶을, 후회하지 않는 삶을 살아가기 위해 물을 바라보기만 하는 삶에서는 벗어나야 한다는 사실에 대한 자각일 것이다.

대문호 괴테가 "생각하는 것은 쉬운 일이다. 행동하는 것은 어려운 일이다. 생각하는 대로 행동하는 것은 더욱 어려운 일이다"라고 말했지만, 무엇인가를 바라보고, 그것을 향해 나아간다는 것은 그것보다 더욱 어려운 일이라고 할 수 있다.

이 세상에는 생각도 하지 않고, 자신이 살아가야 할 목표를 가지지도 않고, 물조차 바라보지 않고 사는 사람이 훨씬 더 많다. 바로 그것이 이 세상이기 때문에, 이 세상에는 실패자로 살아가며 하루하루 조용히 절망하는 사람들이 훨씬 더 많다. 자신 스스로에게 기회를 주는 삶을 살지 못하는 사람이 훨씬 더 많은 것이다. 이 책을 읽는 독자라면 최소한 자신에게 기회를 주는 삶을 발견하고 그런 삶을 살아가기 위해 노력하는 사람이 되면 어떨지 바라본다.

"연습을 하면 할수록 더 많은 행운을 얻게 될 것입니다."

전설적인 골프 선수 게리 플레이어의 이 말처럼 우리는 우리가 어떤 분야에서 어떤 일을 하더라도 그것을 바라보고만 있기보다는 도전하고 시도할 필요가 있다. 연습하면 할수록, 시도하면 할수록, 도전하면 할수록, 그저 바라만 보는 사람보다 훨씬 더 많은 행운을 얻기 때문이다.

그러니 지금 당장 책 쓰기를 시작하면 더 많은 행운을 얻게 된다. 하지만 시작도 하지 않으면, 결국 망하게 되고, 뒤처지게 된다. 책 쓰기 필수의 시대이기 때문이다.

시작하고 점차 나아져라

세계적인 경영 구루 중 한 명인 세스 고딘은 이렇게 말한 적이 있다.

> "성공하는 사람들이 성공하는 이유는 아주 단순하다. 그들은 실패를 다르게 생각한다.
>
> 성공한 사람들은 실패를 통해 배운다. 하지만 보통 사람들이 배우는 교훈과 그들이 배우는 교훈은 조금 다르다. 처음부터 시도하지 말걸 그랬다고 후회하지 않는다. 자신은 똑똑한데 세상이 엉터리라고 한탄하지 않는다. 자신을 패배자라고 생각하지 않는다. 그들은 자신이 사용한 전략이 왜 작동하지 않았는지, 전략을 사용할 대상으로 삼은 사람들이 왜 반응하지 않았는지 배운다.
>
> 지는 데 능숙한 사람들은 머지않아 이기는 사람들이 될 것이다. 지는 것을 무서워하면 저항에 힘을 실어 줄 수 있으며, 자신은 승리할 가치가 없다는 죄책감에 젖게 만들 수 있으며, 어두운 영혼의 구석으로 숨어들게 만들지도 모른다. 그러지 말자."
>
> — <린치핀>, 세스 고딘, 171~172p.

바로 이것이 실패가 성공보다 백 배 나은 이유이며, 실패하는 데 능숙해져야 하는 이유이다.

우리가 실패하는 법을 배워야 하는 이유 중 재미있는 한 가지는 미국 최대 경제잡지인 〈포브스〉지 창립자인 말콤 포브스Malcolm Forbes의 말에서 찾을 수 있다.

"승리는 패배의 맛을 알 때 제일 달다."

성공을 더욱더 달콤하게 해주는 것은 아이러니하게도 실패이다. 우리가 실패 없는 세상에 산다면 굳이 성공하려고 노력하지도 않을 것이다. 성공을 성공답게 하는 것은 실패이며, 성공을 달콤하고, 눈부시고, 빛나게 하는 것 또한 실패이다.

10년 이상 무명 배우 생활을 하며 생활고로 힘든 삶을 살던 배우들의 성공 스토리가 더 멋지고, 감동적이고, 더 눈부시게 다가오는 이유가 바로 여기에 있다. 무명 배우들이 더 크게 성공해서 국민 배우가 되는 원리도 바로 여기에 있다.

그들은 실패를 두려워하지 않고, 먼저 시작하고, 점차적으로 계속해서 성장시켜 나간다. 그들에게 무명이라는 실패는 실패가 아니라 성공으로 올라가는 데 반드시 필요한 사다리인 셈이다. 가장 빨리 책을 쓰는 법도 이와 다르지 않다. 진리는 단순하다. 거창하지 않다. 문제는 실천이다.

시작이 길을 만든다

"모든 시작과 창조의 실행에 있어 한 가지 기본적인 진리가 있는데, 그 것을 모르면 수많은 아이디어와 빛나는 계획이 죽어 버린다. 그 순간에 자신을 완전히 바치고 몰입하면, 그 후에 신의 섭리가 움직인다는 진리이다.

그리하지 않았다면 절대로 일어날 법하지 않을 일들이 정말로 눈앞에 펼쳐진다. 그 결심으로부터 흘러나온 모든 사건들은 강물이 되어 흐르고, 우연한 사건, 우연한 만남, 우연한 도움들이 모두 우리에게 유리하게 돌아간다. 그 누구도 자기에게 오리라고 꿈도 꾸지 못했던 것들도 다 내 편이 된다."

– 괴테

괴테의 이 명언대로, 시작하면 길이 열린다. 시작하면 우주도 당신에게 길을 만들어 준다. 시작하면 모든 것이 달라진다. 시작에는 마법의 힘이 담겨 있기 때문이다.

"일이란 빨리 결단해야 한다. 오리(五里)를 걷는 동안 일을 결단할 수 있는 자는, 왕이 될 수 있는 자다. 구리(九里)를 걷는 동안 결단할 수 있는 자는, 왕은 될 수 없지만 강한 자임에는 틀림이 없다. 일을 결정하는 데 우물쭈물 날짜를 보내고 있다면 정치가 정체되기 때문에, 나라가 깎기는 결과가 된다."

중국의 법가 철학자였던 한비자韓非子의 이 말처럼, 결단력이 있는 사람은 왕이 되고, 장군이 될 자격을 이미 갖춘 사람이라고 할 만큼 결단력은 매우 중요한 조건이다.

재능 있는 사람이 무능해지는 것도, 실패의 최대 원인도, 결단력의 결여 때문임을 알아야 한다. 뜨겁지 않은 자는 그 어떤 것도 결단할 필요도 없다. 의지도 상실하게 되므로 더욱더 무능해지고, 그로 인해 실패하게 된다.

"강한 자는 망설이지 않는다. 굳건히 자리잡고, 땀을 흘리며, 끝을 향해 나아간다. 잉크를 다 써서 없애고, 종이를 모두 써버린다."

19세기 후반 프랑스 소설가인 쥘 르나르 Jules Renard의 말이다. 이처럼 열정을 가진 자는 망설이지 않는다. 세상은 우유부단하지 않고, 주저함이 없는 사람들의 것이다. 그래서 망설이기보다는 오히려 실패하는 사람이 더 크게 성공하게 된다. 우유부단하고 그 어떤 것도 제대로 결단하지 못하는 사람은 그 어떤 것도 해내지 못하는 사람으로 전락할 수밖에 없다. 재능이 아무리 많고, 지식이 아무리 많아도 말이다.

그러므로 지금 당장 시작하라. 시작하면 없던 길도 생기고, 막힌 길도 뚫린다. 그것이 세상의 법칙이다. 밑바닥을 경험한 사람이, 더 이상 갈 곳 없는 사람이, 배수진을 친 사람이 초능력과 같은 힘을 발휘해 인생 역전을 하는 이유가 바로 여기에 있다.

지금으로부터 약 3,000년 전에 집필된 〈주역〉에는 다음과 같은 글이 담겨 있다.

"**궁즉변, 변즉통, 통즉구**窮卽變, 變卽通, 通卽久"

풀어 보면, "궁하고 막히면 곧 변하게 되고(변화를 모색하게 되고), 변하면, 통하게 되고, 통하면 오래갈 것"이라는 의미다.

우리 인간에게 이러한 문장이 큰 교훈을 주는 이유는 우리가 천성이 게으르고, 편하고 쉬운 길을 좋아하기 때문이다. 그래서 똑같은 능력과 소질을 가진 두 사람이 서로 다른 환경에서 성장하면 그 환경의 영향을 받아 삶의 모습이 달라지는 것이다.

여기서 한 가지 중요한 사실은 좋은 환경이란 안락하고 편안하고 풍요로운 환경을 말하는 게 아니라는 점이다. 사람의 내면에 숨겨진 무한한 잠재력을 깨어나게 만들 수 있는 경우는 많지 않기 때문에 평생 이것을 깨우지 못해, 무한한 잠재력을 가진 사람임에도 평범하게 살아가는 사람들이 대부분이다. 그런 점에서 이러한 무한한 잠재력을 깨울 수 있는 시련과 역경을 만난다면 오히려 행운이라고 할 수 있다.

> "인간은 풍요롭고 넘치는 가운데에서 힘이 생기는 것이 아니라, 궁하고 막막하여 막다른 골목에 이르렀을 때 비로소 무궁무진한 잠재력을 발휘한다. 잠들어 있던 거대한 잠재력이 깨어나 자신만의 신화로 탄생하는 것이다."

이 문장은 여현덕 작가의 〈나를 뛰어 넘는 도전〉이라는 책의 서문 중 일부다. 필자는 이 문장을 읽으면서, 너무나 뜻이 마음에 와닿아 이 문장을 고스란히 필자가 가장 좋아하는 독서 노트에 필사한 적이 있다. 이 문장에서처럼, 풍요롭고 넘칠 때 힘이 생겨나는 것이 아니다. 궁하고 막막하여 막다른 골목에 이르렀을 때 비로소 무궁무진한 잠재력이 발휘된다. 그러므로 시작하라.

시작하면 없던 재능도 생기고, 습관도 만들어진다.

지금이 가장 좋은 때다

지금이 시작하기에 가장 좋을 때다. 어제도 아니고, 내일도 아니다. 바로 오늘, 지금이 가장 좋은 때이며, 가장 완벽한 때다.

〈군주론〉의 저자인 정치 사상가 니콜로 마키아벨리는 운명에 굴복당하지 않고, 운명조차 굴복시킬 수 있는 사람은 소극적이고 조심스러운 사람이 아니라고 말한다.

> "내 견해로는 ... 조심스러운 것보다 맹렬한 편이 더 낫다.
>
> 운명이란 여자와 같아서 정복하고 싶다면 굴복시켜야 한다.
>
> 운명은 조심스럽게 접근하는 사람보다는 맹렬한 사람들에게 자신을
>
> 차지하도록 허용할 게 분명하다."

우리의 인생도 운명 그 자체와 같을 것이다. 특히 10년 후에 후회하지 않는 인생을 맞이하고자 하는 사람이라면 꼭 명심해 두어야 할 말이 아닐 수 없다. 오늘부터 뜨겁고 맹렬하게 삶을 불태워 보자.

뜨겁고 맹렬한 삶, 자기 자신을 무엇인가를 위해 다 태워 버릴 수 있는 삶을 사는 사람은 결코 후회라는 것이 남는 삶을 살아갈 수 없다. 뜨겁고 맹렬한 삶은 후회의 여지조차도 다 태워 버리는 삶이기 때문이다.

이러한 삶이 멋진 삶이라는 것은 두말할 필요조차 없을 것이다. 꼭 성공해서 부와 명예를 얻고, 출세하고, 권력을 얻고, 인기를 얻는 것만이 멋진 삶은 아니다. 그것은 자신의 삶을 누구보다 맹렬하게, 뜨겁게 살아가는 사람들에게 주어지는 부수적인 결과물인 것이다.

맹렬하게 시작하는 것, 도전하는 것, 뜨거운 삶을 사는 것이 훨씬 더 좋다. 책 쓰기도 그 길 중 하나다. 책 쓰기를 통해 인생을 배우고 바꿀 수 있는 이유도 여기에 있다.

내게 대기만성大器晚成이란 글자를 되새길 때면 꼭 생각나는 인물이 한 명 있다. 중국 전한前漢 때 재상이었던 공손홍公孫弘이다.

그는 젊었을 때 옥리로 생활하다가, 어떤 사건에 연루되어 파면당했고, 후에는 바닷가에서 돼지를 키우며 평생 가난하게 살았다. 그러던 중 나이 마흔이 넘어서야, 비로소 〈춘추〉 등의 학문에 뜻을 두고, 공부하기 시작했다.

그리고 그 공부의 결실은 무려 20년 후에 나타났다. 그가 정계에 입문하게 된 것이 그의 나이 예순 때 일이기 때문이다. 그는 여든 살이 거의 다 되어 승상丞相까지 올랐다. 당시에는 제후들만 승상에 올랐기 때문에 일반인으로서는 최고의 자리를 넘어 불가능한 자리까지 올라간

것과 다를 바 없다.

　이 같은 공손홍의 삶을 통해 우리가 배워야 할 것은 많지만, 그중 한 가지를 택하라면 큰 그릇은 천천히 만들어진다는 점일 것이다. 너무 조급하게, 아등바등 살지 않고, 멈추지만 않는 다면 기회는 충분히 계속해서 주어진다. 끝까지 준비하고 노력하고 시도할 때, 스스로 기회를 계속 창출해 갈 수 있기 때문이다.

　그러므로 "지금도 늦지 않았다"가 아니라, "지금이 가장 좋을 때"다. 당신이 책 쓰기를 시작하기에 오늘만큼 좋은 날은 인류 역사상 한 번도 없었다. 시작하라.

자기 계발서는
쓰기에 좋다

책 쓰기에도 종류가 많다. 하지만 초보 작가에게 진심으로 추천하고 싶은 분야는 소설이나 시가 아닌 자기 계발서다.

자기 계발서 쓰기가 좋은 이유는 굉장히 많다.

자기 계발서는 자신이 살아 온 삶의 경험을 담는데, 이는 누군가에게 이야기할 때 큰 교훈이 된다.

심지어 실패한 경험도 경우에 따라서는 누군가에게 큰 도움이 된다. 그렇기 때문에 자기 계발서는 삶을 살아온 누구라도 쓸 수 있다는 장점을 지닌다.

소설이나 시 쓰기에는 천부적인 재능이 필요하다. 다시 말해 예술가적 감각이 없으면 쓰기 힘든 것이 사실이다. 하지만 자기 계발서는 쓰기가 너무 쉽다. 심지어 일기 그 자체만 있어도 훌륭한 자기 계발서로 만들 수 있다. 누군가와 나눈 대화라도 그렇다. 위대한 고전이 된 〈논어〉나 〈안나의 일기〉도 수많은 사람에게 큰 용기와 위안을 주지 않았는가?

책 쓰기를 시작하고자 한다면 자기 계발서 분야부터 시작하면 좋다.

자기 계발서 작가라고 해서 절대 무시해선 안 된다. 너무 많은 이들이 자기 계발서를 읽고 실천해 삶이 훨씬 더 풍요로워지고 성공했다고 말하기 때문이다.

필자도 그중 한 명이다.

자기 계발서를 읽고 더 행복해졌고, 더 성공하였고, 더 삶이 풍요로워졌다. 이건 직접 경험한 사실이다. 믿어도 좋다.

다시 말해 동양의 위대한 고전을 읽으면, 읽는다고 다 소화하긴 어렵지만, 책의 내용을 닮듯이 삶이 위대해진다. 하지만 자기 계발서를 많이 읽으면 삶이 위대해지지는 않아도 좀 더 나아진다. 이것은 팩트다.

우리가 〈국부론〉과 같은 책을 쓸 수는 없다. 지금 당장은 말이다. 하지만 누군가에게 위안을 주고, 용기를 주는 자기 계발서는 쉽고 빠르게 쓸 수 있다. 필자의 책 중 대표적인 도서를 택하라면 〈나는 도서관에서 기적을 만났다〉를 추천한다. 이 책뿐만이 아니다. 시중 서점에 가면 얼마나 많은 자기 계발서가 있는가? 이 책들을 절대 무시하지 마라. 누군가는 무시하는 그 책들로 자살을 결심한 사람이 용기를 얻고 다시 인생을 살아내기도 한다.

제5장

수업 교재
김병완 칼리지
넘버원 책 쓰기 학교

– 시즌 4

어떻게 쓰느냐는 그 자체로 하나의 학문이며 하나의 길이다.

하나의 학문이고 길인 책 쓰기는 그 자체로 천국이다.

책 쓰기를 통해 천국을 경험하느냐 지옥을 경험하느냐는

책 쓰기를 어떻게 하느냐에 달려 있다.

- <김병완의 책 쓰기 혁명>, 24p

※ 제1주차: 무엇을 쓸 것인가?(주제 선정) ※

책 쓰기에도 순서가 있다. 가장 중요한 것은 순서다. 가장 먼저 해야하는 것은 본문 쓰기도, 목차 구성도 아니다. 그것은 구상이다. 구상과 구성은 전혀 다르다.

1주차는 바로 책의 첫 번째 순서인 '구상하는 법'을 배우는 시간이다. 책을 쓸 때 가장 먼저 전체적인 구상이 필요한데, 그 구상의 핵심 내용은 '주제 정하기'이다. 그리고 제목과 부제를 작성하면서, 전체적인 방향이자 콘셉트를 잡는 것이다.

가장 빨리 책을 쓰기 위해서는 자신의 경험과 의식 수준에서 충분히 책 한 권 분량의 글을 써 낼 수 있는 주제를 선정해야 한다. 그래서 내 책 쓰기 주제 선정의 가장 큰 원칙은 **"삶의 경험에서 끌어오라"**이다.

이때, 주제의 좋고 나쁨은 크게 세 가지로 결정된다.

① 얼마나 독특한 주제인가? ② 얼마나 참신한가? ③ 얼마나 독자의 호기심을 불러일으키는가?

책의 주제는 무조건 최대한 **구체적**이어야 한다. 구체적일수록 작가와 독자 모두에게 좋다. 작가에게는 책을 훨씬 더 빨리 쓰게 만들기 때문이고, 독자에게는 쉽게 책 내용에 빠져들도록 돕는 요인이 된다.

주제 선정 시에는 5가지 기준이 있다.

[주제 선정의 5가지 기준]
- 첫 번째는 상품의 가치가 있는지, 아니면 내면의 메시지인지 구분하는 것이다.
- 두 번째는 이 책을 읽을 독자는 누구이고, 그 독자의 관심사항은 무엇인지 상상하는 것이다.
- 세 번째는 지금 현재 사회의 분위기와 트렌드는 무엇인지를 파악하는 것이다.
- 네 번째는 저자의 강점 및 관심 분야가 무엇인지를 파악하는 것이다.
- 마지막 다섯 번째는 저자가 과연 해당 주제의 글을 쓸 능력과 경험을 가졌는지 판단하는 것이다.

※ 제2주차: 어떻게 쓸 것인가?(목차 작성) ※

전체적인 그림 그리기인 구상이 끝났다면, 2주차에는 구체적인 그림을 그려야 한다. 그중에서도 먼저 설계도를 완성해야 한다. 그것이 바로 목차 구성 단계다.

목차 구성 시에 조심해야 할 것이 있다. 바로 과유불급이다. 목차에 너무 많은 내용을 담으려고 하는 것은 욕심이다. 책을 쓸 때 망하는 지름길이다. 떠오르는 내용의 50% 이상은 빼야 한다. 그래야 책이 슬림해지고 보기 좋아진다.

버니스 매카시 박사의 4MAT 시스템과 사이먼 사이넥의 골든 서클 이론을 종합하고, 나의 3년 1만 권의 독서 내공과 3년 60권 출간 경험을 다 종합해 나는 목차 작성법을 만들었다.

목차 작성 시 가장 중요한 것은 무엇을 말하느냐보다 '어떤 순서'로 말하느냐다.

목차의 1장에서는 이유나 동기를 묻는 'WHY'에 대한 이야기를 담는 것이 좋다. 2장에서는 책의 주제일 'WHAT'을 말하는 것이 좋다. 3장에서는 책의 주장대로 따르면 어떤 이익과 보상이 생기고, 따르지 않으면 어떤 손해가 생기는지 'IF' 중심으로 이야기를 풀어 가는 것이 좋다. 4

장에서는 어떻게 하면 이 책의 주장을 삶에 적용할 수 있을지 'HOW'에 대한 이야기를 한다. 5장에서는 실제로 책의 주장을 따라 성공한 사람이나 기업, 사건을 저술하는 'CASE'를 소개하면 독자들은 큰 신뢰감을 얻는다.

목차 작성 시 가장 명심할 것은 '백문이 불여일견'이라는 말이다. 한눈에 전체를 보도록 하는 가독성이라는 중요성을 놓쳐서는 안 된다. 한눈에 목차 전체가 보이도록 만드는 것이 목차 작성의 비결이다.

가독성 높은 목차를 작성하기 위해 모든 제목은 최대한 간결하게 작성하자. 즉, 핵심만 이야기하고, 불필요한 내용, 형용사, 부사는 전부 삭제해야 한다. 독자들은 일관성을 좋아한다. 그래서 일이관지^{一以貫之}하는 목차 작성은 책 쓰기의 생명이고 무기다.

독자들은 가독성을 좋아한다. 시각적으로 편하고, 한눈에 다 보이는 목차를 작성해야 하는 이유도 이것이다. 또, 독자들은 독특하고, 비범하고, 특별한 것에 열광한다. 그러므로 독특하고 독특한 표현을 사용해야 한다.

목차 작성의 비법 중 하나는 작가 중심이 아닌 독자 중심으로 작성하라는 것이다. 다른 말로 하면, 작가가 하고 싶은 말을 쓰는 것이 아니라 독자가 듣고 싶어 하는 것을 말해야 한다.

또, 기억해야 할 비법은 논리적인 목차가 아니라 감성적인 목차를 작성하라는 것이다. 이 말인즉, 정확한 단어가 아닌 심리적인 단어를 사용하라는 의미다.

목차는 이 세 가지 S가 결정한다.

① 얼마나 짧은가?(SHORT) ② 얼마나 정확한가?(SHARP) ③ 얼마나 단순한가?(SIMPLE)

※ 제3주차: 누구에게 왜 쓰는가?(서문 작성) ※

독자를 사로잡는 서문을 작성하기 위해 반드시 필요한 것이 있다. 숙달된 작가라면 단어 선정에도 능숙해야 하는데, 바로 마법의 단어를 사용하는 것이다. '기적', '새로운', '놀랄 만한', '혁명적인', '주목할 만한', '마법' 등의 단어를 많이 사용하는 것이 좋다.

특히 서문에서 가장 중요한 부분은 어디일까? 바로 **첫 문장**이다.

첫 문장을 통해 독자들은 큰 임팩트를 얻는다. 심지어 출판사 계약 여부도 첫 문장으로 많이 좌우된다.

서문을 쓸 때 가장 쉽게 범하는 실수는 결론을 뒤에 쓰는 것이다. 하지만 현대적 글쓰기는 달라야 한다. 결론부터 쓰고, 결론을 이야기하고, 결론으로 마무리를 지어야 한다. 이것이 현대적 글쓰기다.

과거에는 '서론·본론·결론'으로 구성해 이야기했다면, 지금은 '**결론·결론·결론**'이어야 한다. 독자의 집중시간이 많이 짧아졌기 때문이다.

결론부터 써야 하는 다른 이유는 글에 강력한 힘을 부여하기 때문이다. 문장은 말하듯이 자연스럽게 써야 한다. 이것이 최고의 기술이다.

서문은 독자에게 보내는 초대장이다. 책 안으로 초대하는 것이다. 서문 작성 시 필수적으로 지켜야 할 두 가지 조건은 하나는 ① **누가 봐도 쉽게 이해하도록 쓰는 것**이고, 또 다른 하나는 ② **문장을 최대한 짧고, 간결하게 쓰는 것**이다.

또, 서문을 시작하는 데에는 대표적인 세 가지 방법이 있다. ① **이야기로 시작하기**, ② **질문으로 시작하기**, ③ **명언으로 시작하기**다.

서문의 도입부를 작성할 때 지켜야 할 기본 원칙도 있다. 그것은 바로 "**독자의 호기심을 자극하라**"는 것이다. 호기심을 자극하지 못한다면 백문이 백해무익이다.

독자를 잡고 끌어당기는 문장을 쓰는 **7가지 요소**는 참신함, 역설, 유머, 놀라움, 비범함, 흥미로움, 질문이다.

또, 서문을 마무리하는 데도 세 가지 방법이 있다. ① **확신으로 마무리**

하기, ② 희망이나 기대로 마무리하기, ③ 사실과 주장으로 마무리하기다.

※ 제4주차: 문장을 어떻게 쓸 것인가?(문장 강화) ※

"독자가 원하는 글의 스타일은 이야기의 전개를 그대로 들여다볼 수 있는 투명한 창문 같은 스타일이지, 안에서 무슨 일이 벌어지는지 전혀 알 수 없는 단단한 금속 문이 아니라는 것이다. 그렇다고 해서 우아한 문체가 나쁘다는 말은 아니다. 다만 글을 이해하는 데 방해하지 않는 범위 내에서 구사해야 한다. 또한 필요 이상으로 단어를 많이 사용하는 것은 우아함을 더해 주기보다는 글의 군더더기만 늘리는 역효과를 가져올 수 있다."

– <글쓰기의 모든 것>, 프레드 화이트, 197~198p.

문장을 어떻게 쓰면 좋을까?

일단 문장은 ① 간결하고, ② 명확하고, ③ 쉽게 써야 한다. 간결해야 독자가 읽고, 명확해야 독자가 이해하며, 쉽게 써야 독자가 즐겁게 읽을 수 있기 때문이다.

문장의 기본 기능은 전달이다. 공자도 사르트르도, 심지어 아리스토텔레스도 이야기했고, 중국의 문장가 유협도 이구동성으로 문장은 간결하게 써야 한다고 이야기했다.

서양의 문장가 쇼펜하우어도 말했다.

"간결한 문체는 훌륭한 글쓰기의 첫걸음이다."

간결하기 위해서는 문장을 어떻게 써야 할까? 어렵고 교묘한 말로 글을 꾸미지만 않으면 된다. 어렵고 난해하게 쓴 문장은 백해무익하다. 문장가 허균도 이렇게 말한 바 있다.

"어렵고 교묘한 말로 글을 꾸미는 건 문장의 재앙이다."

자! 그렇다면 구체적으로 문장 쓰기의 10가지 방법을 살펴보자.

[좋은 문장을 쓰는 10가지 방법]

① 독자들의 눈높이에 맞는 단어를 사용하자.

② 문장의 길이는 최대한 짧게 해, 간결하게 쓰자.

③ 한 문장에서 두 번 사용하는 단어가 없도록 하자.

④ 모든 문장을 능동형으로 쓰자.

⑤ 접속사를 최소화하자.

⑥ 일본식 말투를 최소화하자.

⑦ 중국식 말투에서 벗어나자.

⑧ 영어식 번역투를 쓰지 말자.

⑨ 이중 표현, 중복을 없애자.

⑩ 모호하고 추상적인 표현에서 벗어나자.

명심하자. 최고의 문장은 누가 읽어도 술술 잘 읽히는 문장이며, 최악의 문장은 잘 읽히지 않는 난해하고 복잡한 문장이라는 사실을.

※ 제5주차: 어떻게 출판사를 유혹할 것인가?(출간 기획) ※

출간 기획서는 면접과 같다. 출간 기획서가 없다면 출간도 불가능하다. 출간 기획서는 마중물이다. 수많은 출판사와 작가를 연결해 주기 때문이다.

출간 기획서 작성 시 유의해야 할 것이 있다. 자신이 쓰는 책의 차별화와 장점과 단점, 자신이 쓴 책의 정확한 기획 의도와 시장에서의 포지셔닝을 아는 것이다.

출간 기획서 작성 시 필수 준비사항은 책의 제목, 핵심 내용, 예상 독자, 주제 콘셉트, 원고 방향, 경쟁 도서 비교 분석, 본문 샘플, 목차, 서문, 저자 소개 등이다. 이 중 가장 중요한 것은 저자 소개와 목차, 그리고 비교 도서 분석이다.

출간 기획서에서 자신의 홍보 전략이나 마케팅 방법 등을 구체적으로 쓰는 저자는 더 유리한 조건에서 계약할 수 있다. 마케팅 전략도 무시할 수 없는 시대이기 때문이다. 출판사 입장에서 적은 투자로, 적은 리스크로 책을 출간하는 길이기 때문이기도 하다.

출간 기획서 작성 시 반드시 알아야 할 것은 어떤 기획서가 출판사와 계약이 되고 안 되는지를 아는 일이다. 계약이 되는 출간 기획서에는 아래 세 가지 조건이 있다.

[계약되는 출간 기획서의 조건]

① 한눈에 무슨 책인지 알 수 있어야 한다. 즉, 심플해야 한다.

② 흔히 볼 수 있는 책이 아니라 독특한 개성이 넘치는 책이어야 한다.

③ 저자든, 스토리든, 제목이든 책의 요소가 뛰어난 설득력을 지녀야 한다.

명심하자.

출간 기획의 유일무이한 목적은 출판사를 설득하는 것이다. 좋은 기획서에는 위의 세 가지가 반드시 포함되어 있다. '심플, 개성, 설득'의 3요소다.

※ 제6주차: 본문을 어떻게 쓸 것인가?(본문 집필) ※

150년 하버드 대학교 글쓰기 수업의 가장 중요한 목표는 논증적 글쓰기였다. 글쓰기는 기본적으로 전달을 위해 발생했고 존재했다. 글쓰기의 가장 기본 원칙은 소통과 전달이다. 하지만 문장의 상위 기능도 현대적 글쓰기에서 발생했다.

바로 설득이다. 미국 대학의 목표는 설득력 있는 사람을 만드는 것인데, 그래서 가장 중요한 과목이 글쓰기인 것이다. 그것도 논리적 글쓰기가 아니라 논증적 글쓰기 말이다.

글쓰기 작법에도 공식이 있다고 말한다. 우선 좋은 글쓰기는 아래의 세 가지에 답한다.

첫째 '무엇'을, 둘째 '어떻게', 셋째 '무엇을 제안할 것인가'에 대해 답하는 것이다.

문장 전개(글쓰기)에는 대표적인 8가지 유형이 있다.

[문장 전개의 8가지 유형]

① 현상을 제시하고 그것에 대한 원인을 설명하고, 해결책을 말하는 유형

② 질문하고, 그것에 대답하고, 자신의 주장을 하는 유형

③ 스토리를 이야기하고, 그것을 분석하고, 마지막으로 자신의 주장을 말하는 유형

④ 개인적인 경험을 이야기하고, 그것을 토대로 분석한 메시지를 이야기하고, 끝으로 자신의 주장을 펼치는 유형

⑤ 역사적 사실을 말하고, 관한 메시지를 이야기한 후 자신의 주장을 말하는 유형

⑥ 연구 결과를 이야기한 후, 그것을 토대로 메시지를 말하고, 마지막으로 자신의 주장을 펼치는 유형

⑦ 신문 기사나 뉴스를 이야기하고, 그것에 대한 메시지를 말하고, 자신의 주장이나 제안을 이야기하는 유형

⑧ 어떤 사실에 대해 비판하고, 그 이유를 말한 다음, 그 주장을 뒷받침할 수 있는 근거를 제시하는 유형

이처럼 수많은 본문 전개 유형이 있지만, 설득력 있는 본문에는 5가

지 요소가 반드시 포함된다. 우선 글쓰기의 최대 전략은 맥킨지 컨설턴 트에서 의사소통의 기준으로 삼는 아래 두 가지 기준에서 비롯한다.

- 첫 번째 기준: 30초 안에 결론부터 논리정연하게 말할 것
- 두 번째 기준: 문제제기뿐만 아니라 반드시 솔루션까지 제시할 것

이 두 가지를 토대로 설득력 있는 본문 작성에는 아래의 5가지 요소가 반드시 필요하다.

[설득력 있는 본문의 5가지 요소]

① 이유와 근거라는 요소

② 사례라는 요소

③ 강력한 제안 요소

④ 핵심 메시지, 즉 결론이라는 요소

⑤ 솔루션이라는 요소

설득력 있는 본문이 반드시 갖춰야 하는 두 번째 조건은 위의 5가지 요소가 그냥 들어가 있으면 안 된다는 것이다. 특별한, **정해진 순서대로** 들어가야 한다. 왜냐하면 인간은 동일한 내용이더라도 순서에 따라 내용을 다르게 인식하기 때문이다. 즉, 설득력 있는 본문의 필요충분조건 이자 순서는 바로 이것이다.

[설득력 있는 본문을 쓰는 순서]

① 첫째, 핵심 메시지인 결론을 먼저 주장한다.

② 둘째, 그 주장의 이유와 근거를 제시한다.

③ 셋째, 사례로 증명한다.

④ 넷째, 솔루션을 제공한다.

⑤ 다섯째, 핵심을 거듭 주장하면서 더불어 강력한 제안을 한다.

기억하자.

본문을 쓰고 책을 쓴다는 것은 독자를 설득하는 일을 의미한다.

설득에 대한 통찰력을 우리에게 전해 준 로마 시대 정치가며 웅변가였던 키케로의 말을 떠올리자.

"당신이 나를 설득하고자 한다면 당신은 반드시 나의 생각을 생각하고, 나의 느낌을 느끼고, 나의 말을 말해야 한다."

이 모든 것을 종합하여 글을 설득력 있게 쓰는 사람이 되도록 도와주는 글쓰기 공식, 글쓰기 맵을 만들었다. 칼리지 라이팅 맵이다. 간단하다.

- 스텝 1. (메시지) 제시

- 스텝 2. (근거)와 (이유) 제시
- 스텝 3. (사례) 증명
- 스텝 4. (방법) 제시
- 스텝 5. (제안)과 (주장) 정리

부록에 포함된 강의안을 보면 여러 가지 예시와 함께 더 자세한 설명이 나와 있다. 참조해 스스로 정리하는 절차를 거치면 더 도움이 될 것이다.

책 쓰기에도 전략이 필요하다. 책 한 권을 집필하기 위한 최고의 전략은 문장방적술이다. 필자는 이것을 'SECCT'라고 부른다. 한 권의 책에는 작은 목차가 20개에서 30개 정도 포함되어 있다. 더 많은 책도 있고, 적은 책도 있지만, 평균적으로 그렇다.

그 소목차를 하나의 중심 주제로 삼고, 그 주제에 대한 'STORY(이야기), EVIDENCE(증거), CASE(사례), CONCLUSION(결론), THOUGHT(생각)'을 독립적으로 뽑아서 본문을 쓰고, 그것을 이어 놓으면 된다.

책 한 권을 쓰는 일은 그렇게 어렵지 않다. 여기에 동양 고전이나 서양 고전의 이야기도 뽑아서 쓰면 본문 분량이 급격하게 늘어난다. 여기에 영화나 책 이야기를 담아도 좋고, 신문 기사나 뉴스거리도 넣으면 좋다.

좋은 본문과 나쁜 본문의 평가 기준은 문장을 얼마나 잘 썼느냐보다 독자에게 닿는 내용을 지녔느냐에 있다. 평가 기준은 오로지 독자의 시선이어야 한다. 독자를 자극하고 독자를 움직이게 하고 독자를 만족시켜 주는 본문이 최고의 본문이다.

※ 제7주차: 출판사와 계약하는 법(원고 투고, 작가 입문) ※

드디어 출판사 원고 투고 단계다. 일단 7주 만에 출판사에 원고 투고를 한다는 것은 가장 빠른 책 쓰기 고속도로에 올라탔음을 의미한다. 남이 고생해서 모아 놓은 출판사 900군데 메일 주소를 무료로 제공 받을 수 있다면 얼마나 큰 시간 절약이며, 에너지 절약인가? 김병완 칼리지는 이를 제공한다.

그것이 아니더라도 7주 만에 출판사에 자신의 기획서를 보낼 수 있을 정도로 책 쓰기 관련 경험을 쌓았다는 사실 하나만도 축하받을 일이다. 7주 전과 후, 많은 것이 달라져 있을 것이기 때문이다.

작가로 도약하기 위한 가장 중요한 전환점은 좋은 글을 쓰는 것이 아니라 좋은 출판사와 계약하는 데에 있다. 세상은 분업화를 통해 산업혁명을 이루었다. 책 쓰기에서도 철저하게 분업화를 잘하는 작가가 성공한다. 타인이 할 수 있는 부분까지 자신이 혼자서 하려고 하는 것만큼 둔한 일은 없다.

출판사에는 탁월한 편집자들이 있고, 기획자들이 있고, 디자이너가 있고, 마케터가 있다. 그러므로 당신은 책의 스토리(구성)와 내용만 신경 쓰면 된다. 즉, 이 말은 문법, 맞춤법, 띄어쓰기 등의 교정, 교열, 윤문 영역까지 신경 쓰지 말라는 뜻이다.

원고 투고 시에는 한 번에 100군데씩 보내는 것이 좋다. 기술이 그만큼 발전했기 때문이다. 필자가 처음 책 쓰기를 시도한 10년 전에는 네이버와 다음 메일 모두 한 번에 100군데에 보낼 수 없었다. 하지만 이제는 시대가 많이 좋아져 그 일이 가능하다.

분야별로 출판사를 선별해 투고하는 것도 좋지만, 요즘에는 자기 계발서를 출간하지 않는 종합 출판사를 찾아보기 힘들 정도로 자기 계발서가 각광받는 분야이므로 모든 출판사에 보내 보는 것이 좋다. 하나의 주제로 원고를 투고했지만, 그 원고가 아닌 다른 주제의 책을 써 달라는 섭외가 들어올 수도 있기 때문이다.

그런 뒤, 많은 출판사에서 계약하자는 제안을 받는다면 어떤 출판사를 선택해야 할까?

답은 정해져 있다.

자신의 책처럼 당신의 원고를 아껴 주는 출판사와 계약하면 된다. 그런 출판사인지 아닌지는 만나서 이야기해 보고 눈을 보면 금방 알 수 있다.

작가가 되는 데 도움이 될 한 가지 더 현실적인 조언을 해주자면, 출판사의 거절 메일을 절대 싫어하지 말라는 것이다. 심지어 그 메일에 좌절해서도 안 된다. 국민 배우에게는 당연히 무명의 시간이 존재한다. 작가도 마찬가지다. 하지만 지금은 많은 것이 달라졌다.

책도 빨리 쓰고, 베스트셀러도 빨리 되는 시대라는 것이다. 그러므로 과거의 기준이나 잣대로만 접근해 책을 쓰면 안 된다. 모든 것이 달라지고 있다. 도전을 두려워할 필요가 없다.

부록

~

PPT 수록
수업강의
책 쓰기 학교

대한민국 넘버원 책 쓰기 학교 김병완 칼리지
3년 1만 권 독서, 10년 100권 출간, 8년 500명 작가 배출 책 쓰기 학교

무단 유포 및 사용은 법적처벌을 받습니다.

대한민국 넘버원 책 쓰기 학교 김병완 칼리지

3년 1만 권 독서, 10년 100권 출간, 8년 500명 작가 배출 책 쓰기 학교

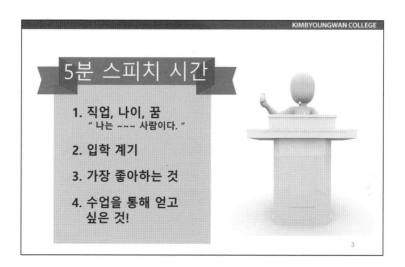

무단 유포 및 사용은 법적처벌을 받습니다.

대한민국 넘버원 책 쓰기 학교 김병완 칼리지
3년 1만 권 독서, 10년 100권 출간, 8년 500명 작가 배출 책 쓰기 학교

여러분들을 응원합니다.

지도하고   코칭하고   밀어주며

함께 갈 것입니다.

[당신도 할 수 있습니다.]

일반 가정 주부도 했습니다.
일반 직장인도 해냈습니다.
20대 여대생도 해냈습니다.
30대 무직자도 해냈습니다.
40대 퇴직자도 해냈습니다.
50대 제2의 인생을 준비하시는 분도...
60대 어르신도 해냈습니다.

그러므로 당신도...충분히 해낼 수 있습니다.

무단 유포 및 사용은 법적처벌을 받습니다.

대한민국 넘버원 책 쓰기 학교 김병완 칼리지

3년 1만 권 독서, 10년 100권 출간, 8년 500명 작가 배출 책 쓰기 학교

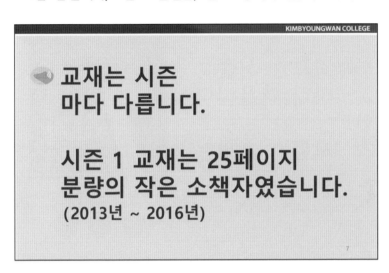

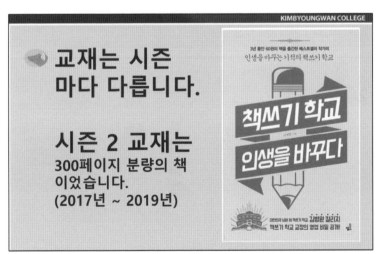

무단 유포 및 사용은 법적처벌을 받습니다.

대한민국 넘버원 책 쓰기 학교 김병완 칼리지
3년 1만 권 독서, 10년 100권 출간, 8년 500명 작가 배출 책 쓰기 학교

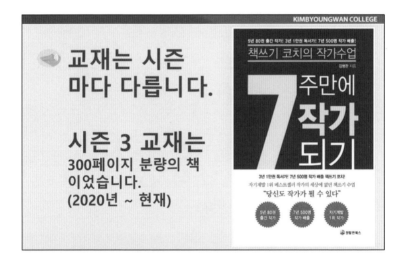

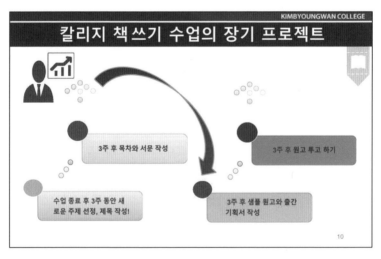

무단 유포 및 사용은 법적처벌을 받습니다.

대한민국 넘버원 책 쓰기 학교 김병완 칼리지
3년 1만 권 독서, 10년 100권 출간, 8년 500명 작가 배출 책 쓰기 학교

칼리지 책 쓰기 수업의 장기 프로젝트

> **"수업 종료 후 3개월 사이클로 계속해서 새로운 주제로 원고 투고 하기!"**

11

KIMBYOUNGWAN COLLEGE

칼리지만의 3.3.3 미션 프로젝트

> **"3개월 마다 새로운 주제로 3번 원고 투고 하신 분은 특별 3주 수업에 무료 참여권 증정!**

12

무단 유포 및 사용은 법적처벌을 받습니다.

대한민국 넘버원 책 쓰기 학교 김병완 칼리지

3년 1만 권 독서, 10년 100권 출간, 8년 500명 작가 배출 책 쓰기 학교

칼리지 책쓰기 수업의 장기 프로젝트

1. 작가수업 3주 과정에 무료 참여권 증정! (작가 심화 과정)

2. 초서 독서법 수업 무료 참여권

3. 300만원 상당의 책 홍보 마케팅 서비스 제공

– 택일도 가능!

13

칼리지 책쓰기 수업의 장기 프로젝트

"수업 종료 후 자신의 노력에 따라 수업 성과는 천차만별로 격차가 발생합니다."

14

무단 유포 및 사용은 법적처벌을 받습니다.

대한민국 넘버원 책 쓰기 학교 김병완 칼리지
3년 1만 권 독서, 10년 100권 출간, 8년 500명 작가 배출 책 쓰기 학교

칼리지 책 쓰기 수업의 장기 프로젝트

"베스트 셀러 작가가 되느냐, 단 한 권의 책도 출간 못 하느냐는 수업 종료 후 9개월 동안의 자신의 노력과 의지가 좌우합니다.

왜냐하면 수업 종료 후 9개월이 작가의 삶을 좌우하기 때문입니다."

15

칼리지 책 쓰기 수업의 장기 프로젝트

" 결론은 이 수업을 통해 새로운 인생의 기회가 생겼습니다. 이 기회를 잘 잡으시기 바랍니다.

16

대한민국 넘버원 책 쓰기 학교 김병완 칼리지

3년 1만 권 독서, 10년 100권 출간, 8년 500명 작가 배출 책 쓰기 학교

책 쓰기의 첫 번째 순서

17

구상하기 _
컨셉과 주제 정하기

18

무단 유포 및 사용은 법적처벌을 받습니다.

대한민국 넘버원 책 쓰기 학교 김병완 칼리지

3년 1만 권 독서, 10년 100권 출간, 8년 500명 작가 배출 책 쓰기 학교

무엇을 쓸 것인가?

19

주제를 잘 선정하면

1. 명확한 메시지가 전달 가능하다.
2. 독자에게 강한 임팩트를 줄 수 있다.
3. 독자들을 쉽게 집중하게 하고, 끌어들일 수 있다.

20

무단 유포 및 사용은 법적처벌을 받습니다.

대한민국 넘버원 책 쓰기 학교 김병완 칼리지
3년 1만 권 독서, 10년 100권 출간, 8년 500명 작가 배출 책 쓰기 학교

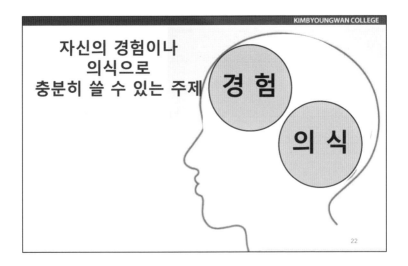

무단 유포 및 사용은 법적처벌을 받습니다.

대한민국 넘버원 책 쓰기 학교 김병완 칼리지

3년 1만 권 독서, 10년 100권 출간, 8년 500명 작가 배출 책 쓰기 학교

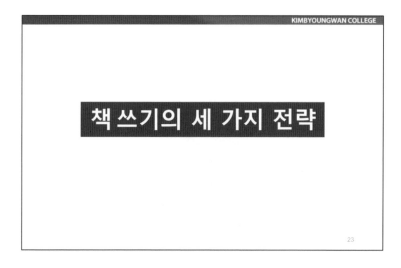

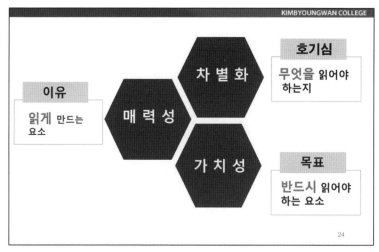

대한민국 넘버원 책 쓰기 학교 김병완 칼리지
3년 1만 권 독서, 10년 100권 출간, 8년 500명 작가 배출 책 쓰기 학교

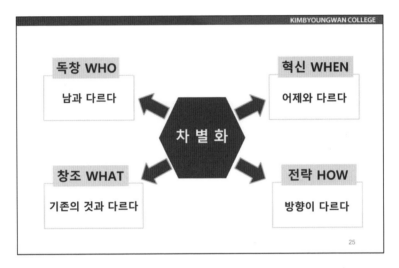

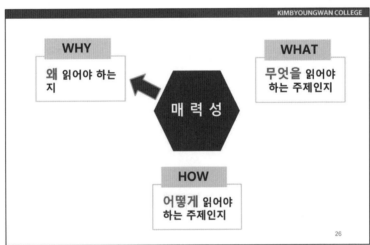

무단 유포 및 사용은 법적처벌을 받습니다.

대한민국 넘버원 책 쓰기 학교 김병완 칼리지
3년 1만 권 독서, 10년 100권 출간, 8년 500명 작가 배출 책 쓰기 학교

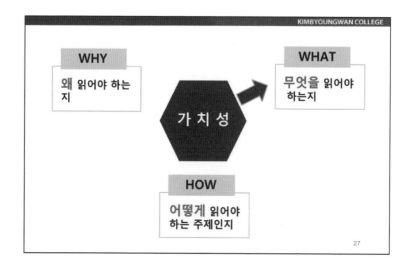

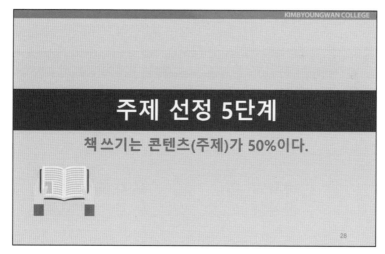

무단 유포 및 사용은 법적처벌을 받습니다.

대한민국 넘버원 책 쓰기 학교 김병완 칼리지
3년 1만 권 독서, 10년 100권 출간, 8년 500명 작가 배출 책 쓰기 학교

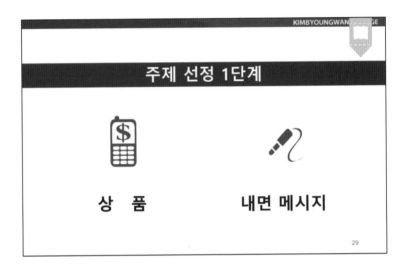

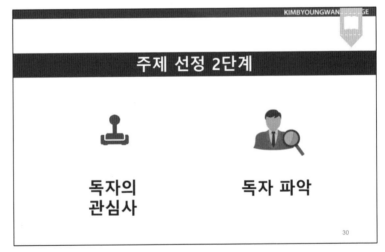

무단 유포 및 사용은 법적처벌을 받습니다.

대한민국 넘버원 책 쓰기 학교 김병완 칼리지
3년 1만 권 독서, 10년 100권 출간, 8년 500명 작가 배출 책 쓰기 학교

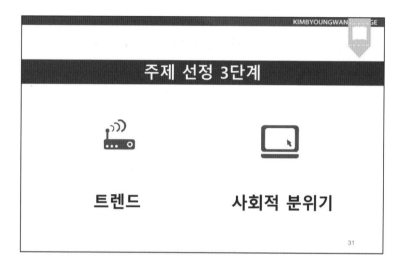

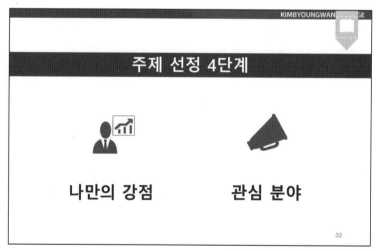

대한민국 넘버원 책 쓰기 학교 김병완 칼리지
3년 1만 권 독서, 10년 100권 출간, 8년 500명 작가 배출 책 쓰기 학교

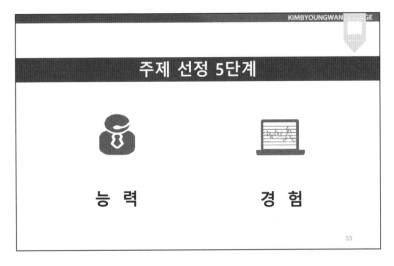

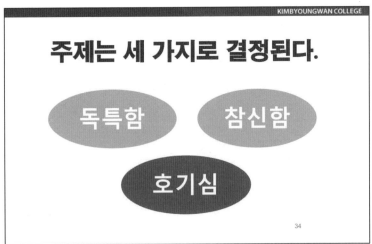

대한민국 넘버원 책 쓰기 학교 김병완 칼리지

3년 1만 권 독서, 10년 100권 출간, 8년 500명 작가 배출 책 쓰기 학교

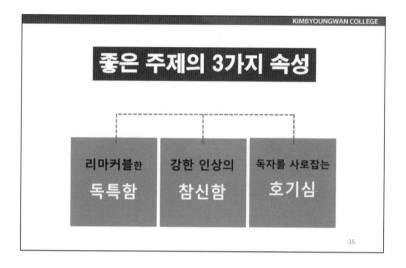

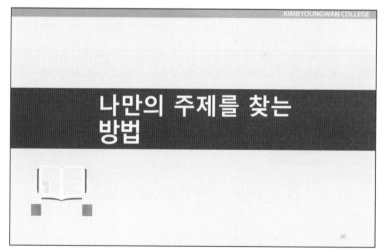

무단 유포 및 사용은 법적처벌을 받습니다.

대한민국 넘버원 책 쓰기 학교 김병완 칼리지
3년 1만 권 독서, 10년 100권 출간, 8년 500명 작가 배출 책 쓰기 학교

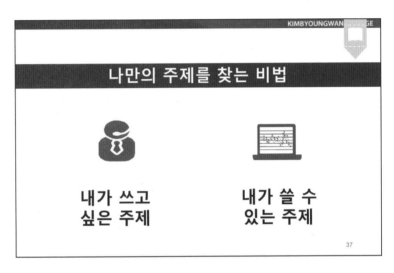

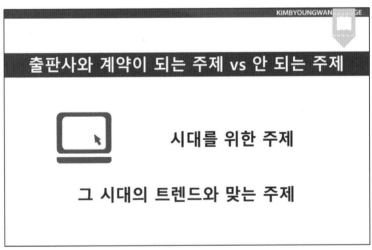

무단 유포 및 사용은 법적처벌을 받습니다.

대한민국 넘버원 책 쓰기 학교 김병완 칼리지

3년 1만 권 독서, 10년 100권 출간, 8년 500명 작가 배출 책 쓰기 학교

독자가 읽는 주제 vs 안 읽는 주제

독자를 위한 주제

독자의 현실과 밀접하게 관련된 주제

39

주제선정의 순서와 방법

40

무단 유포 및 사용은 법적처벌을 받습니다.

대한민국 넘버원 책 쓰기 학교 김병완 칼리지
3년 1만 권 독서, 10년 100권 출간, 8년 500명 작가 배출 책 쓰기 학교

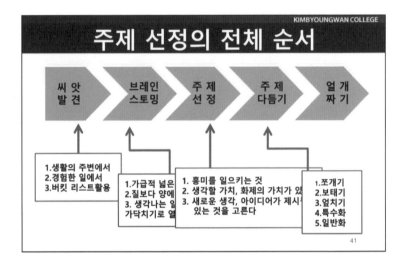

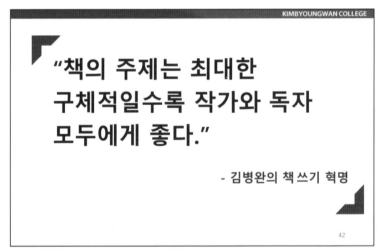

무단 유포 및 사용은 법적처벌을 받습니다.

대한민국 넘버원 책 쓰기 학교 김병완 칼리지
3년 1만 권 독서, 10년 100권 출간, 8년 500명 작가 배출 책 쓰기 학교

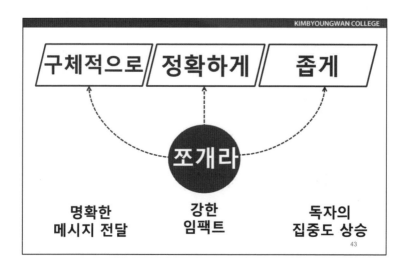

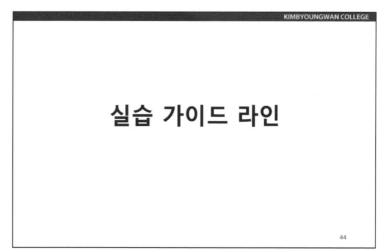

대한민국 넘버원 책 쓰기 학교 김병완 칼리지
3년 1만 권 독서, 10년 100권 출간, 8년 500명 작가 배출 책 쓰기 학교

수 업 과 제

1. 주제를 8글자로 요약하기

2. 서점에 가서 책의 목차를 살펴보기

3. 미리 목차 작성해 보기(선택)

45

[2주차: 목차 정하기]

대한민국 넘버원 책 쓰기 학교 김병완 칼리지
3년 1만 권 독서, 10년 100권 출간, 8년 500명 작가 배출 책 쓰기 학교

무단 유포 및 사용은 법적처벌을 받습니다.

대한민국 넘버원 책 쓰기 학교 김병완 칼리지
3년 1만 권 독서, 10년 100권 출간, 8년 500명 작가 배출 책 쓰기 학교

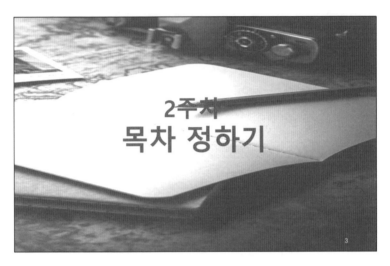

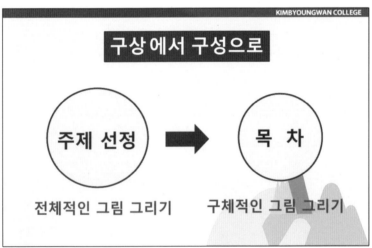

무단 유포 및 사용은 법적처벌을 받습니다.

대한민국 넘버원 책 쓰기 학교 김병완 칼리지
3년 1만 권 독서, 10년 100권 출간, 8년 500명 작가 배출 책 쓰기 학교

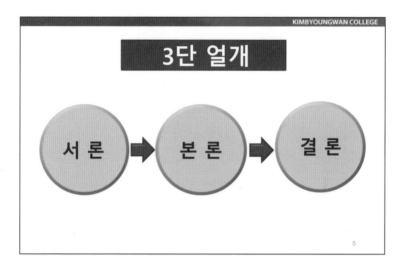

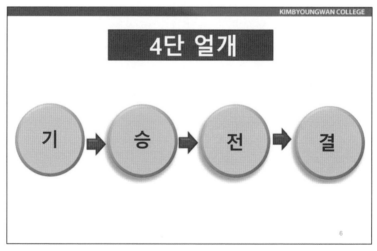

무단 유포 및 사용은 법적처벌을 받습니다.

대한민국 넘버원 책 쓰기 학교 김병완 칼리지

3년 1만 권 독서, 10년 100권 출간, 8년 500명 작가 배출 책 쓰기 학교

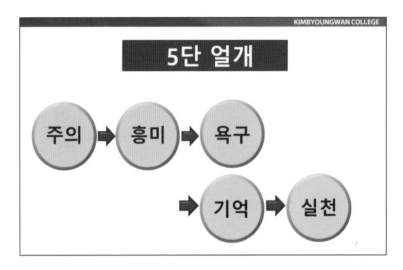

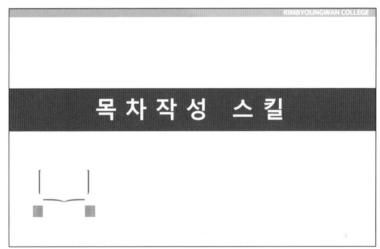

무단 유포 및 사용은 법적처벌을 받습니다.

대한민국 넘버원 책 쓰기 학교 김병완 칼리지
3년 1만 권 독서, 10년 100권 출간, 8년 500명 작가 배출 책 쓰기 학교

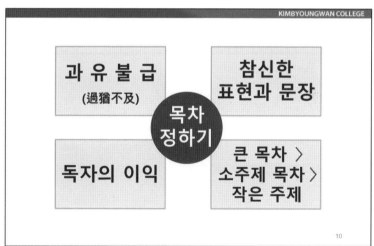

무단 유포 및 사용은 법적처벌을 받습니다.

대한민국 넘버원 책 쓰기 학교 김병완 칼리지
3년 1만 권 독서, 10년 100권 출간, 8년 500명 작가 배출 책 쓰기 학교

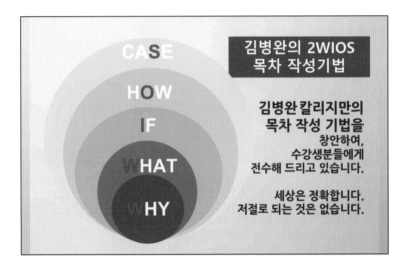

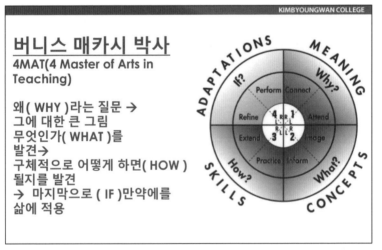

대한민국 넘버원 책 쓰기 학교 김병완 칼리지
3년 1만 권 독서, 10년 100권 출간, 8년 500명 작가 배출 책 쓰기 학교

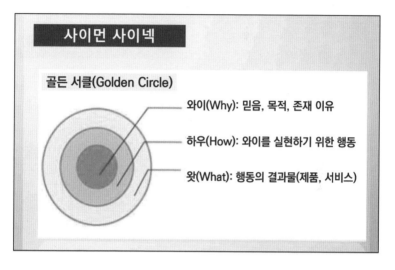

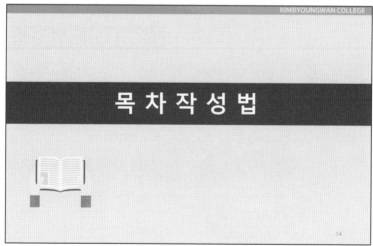

무단 유포 및 사용은 법적처벌을 받습니다.

대한민국 넘버원 책 쓰기 학교 김병완 칼리지
3년 1만 권 독서, 10년 100권 출간, 8년 500명 작가 배출 책 쓰기 학교

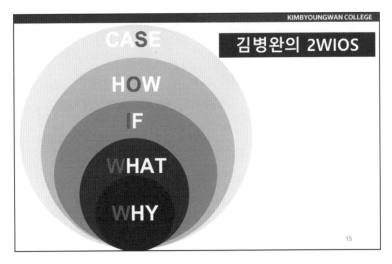

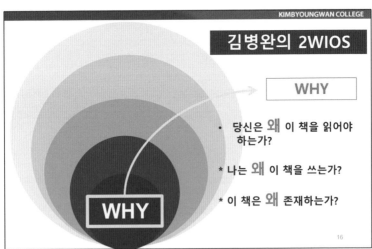

대한민국 넘버원 책 쓰기 학교 김병완 칼리지
3년 1만 권 독서, 10년 100권 출간, 8년 500명 작가 배출 책 쓰기 학교

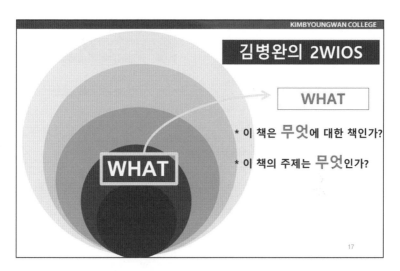

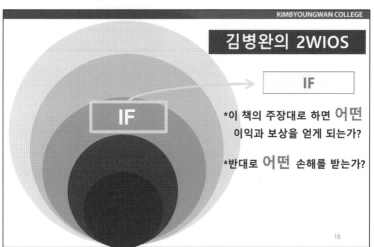

무단 유포 및 사용은 법적처벌을 받습니다.

대한민국 넘버원 책 쓰기 학교 김병완 칼리지
3년 1만 권 독서, 10년 100권 출간, 8년 500명 작가 배출 책 쓰기 학교

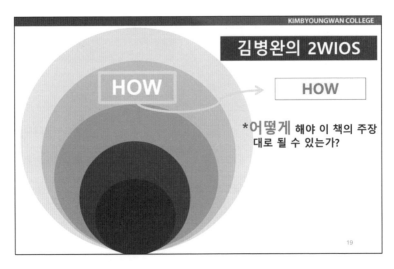

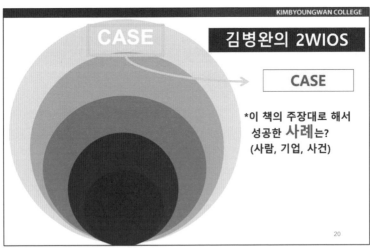

무단 유포 및 사용은 법적처벌을 받습니다.

대한민국 넘버원 책 쓰기 학교 김병완 칼리지
3년 1만 권 독서, 10년 100권 출간, 8년 500명 작가 배출 책 쓰기 학교

1장 왜 개그맨인가?
- 개그맨이 공무원보다 좋은 5가지 이유
- 개그맨이 대기업보다 좋은 5가지 이유
- 웃기면서 슬픈 개그맨 이야기 – 지금 웃기라고?

저자되기 40기 오기환 작가 목차 작성 예시

2장 이게 개그맨 시험이다!
- 개그맨 시험에 3000명이 몰렸다고?
- 좋은 지원번호가 있나요?
- 개그맨은 어떤 사람을 뽑아요?
- 개그맨 시험에서 가장 중요한 3가지
- 웃기면서 슬픈 시험 이야기 – 나 대신 삼겹살이 더 웃겨?

3장 시험 30일 전!
- 나의 개그 롤모델을 정하자
- 시험 혼자 볼래? 팀으로 볼래?
- 개그 아이템 찾기
- 오기환의 비밀팁 – 회의장소 찾기
- 웃기면서 슬픈 시험 준비 이야기 – 너 뭐가 되고 싶냐?

21

4장 시험 20일전!
- 본격 개그 아이템 짜기!
- 개인기를 찾자
- 오기환의 비밀팁 - 연습장소 찾기
- 웃기면서 슬픈 개그팀 이야기 – 야 너 혼자 붙을려고?

저자되기 40기 오기환 작가 목차 작성 예시

5장 시험 10일 전
- 아이템 선택
- 최종 연습
- 오기환의 비밀팁- 단돈 만원으로 소품의상 준비하기
- 웃기면서 슬픈 소품 이야기 – 어? 이게 아닌데 에라 모르겠다

6장 드디어 시험이다
1. 각 방송사 시험 특징
- KBS 공개 코미디의 원조 '개그콘서트'
- SBS 톡톡 튀는 개그 '웃찾사'
- TVN 개그 자유지대 '코미디 빅리그'
2. 1차 서류전형 - 욕심내면 떨어진다
- 첫 단추가 중요하다
- 이건 100% 탈락!
- 이렇게 하면 100% 합격
- 웃기면서 슬픈 1차 시험 이야기 – 거봐 내말 들으라니깐!
3. 2차 자유연기 - 10초 안에 웃겨봐
- 와 웃긴 사람 다 모였네
- 이건 100% 탈락!
- 이렇게 하면 100% 합격
- 웃기면서 슬픈 2차 시험 이야기 – 아 욕심이 지나쳤나?

22

---

4. 3차 자유연기, 지정연기, 질문 - 심사위원의 눈으로 보자
- 심사위원이 많아졌네?
- 이건 100% 탈락!
- 이렇게 하면 100% 합격
- 웃기면서 슬픈 3차 시험 이야기 – 내가 바로 애드립 천재다

**저자되기 40기 오기환 작가
목차 작성 예시**

7장 합격을 축하합니다
- 방송국 첫 출근 주의사항 3가지
- 챙겨야 할 준비물 3가지
- 웃기면서 슬픈 첫 출근 이야기 – 왜 너 혼자 거기 가였냐?

8장 난 이렇게 개그맨이 되었다.
- 콩트 연기의 신 '김준호'
- 만능 재주꾼 '박성호'
- 개그 장인 '유민상'
- 물리치료사에서 개그맨으로 '이상훈'
- 연극 동아리에서 쌓은 기본기 만능 연기자 '이수지'
- 개콘 개그맨들의 한마디 조언!

9장 마치며
- 내년 시험에 도전할 것인가?
- 또 1년 동안 어떻게 준비하지?
- 정말 30일 안에 가능해요?

부록 – Q&A

23

목차 작성 TIP

24

대한민국 넘버원 책 쓰기 학교 김병완 칼리지
3년 1만 권 독서, 10년 100권 출간, 8년 500명 작가 배출 책 쓰기 학교

대한민국 넘버원 책 쓰기 학교 김병완 칼리지

3년 1만 권 독서, 10년 100권 출간, 8년 500명 작가 배출 책 쓰기 학교

무단 유포 및 사용은 법적처벌을 받습니다.

대한민국 넘버원 책 쓰기 학교 김병완 칼리지

3년 1만 권 독서, 10년 100권 출간, 8년 500명 작가 배출 책 쓰기 학교

간결한
소제목들을 작성하는 방법?

간결한 소제목들을 만들기 위한 방법

먼저. 핵심만 뽑아내라.

두 번째. 그 핵심을 압축해라.

세 번째. 한 번 더 핵심을 압축해라.

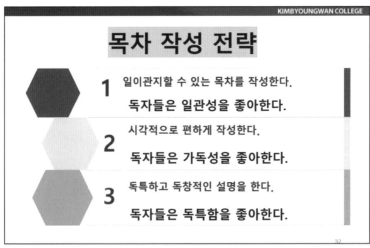

대한민국 넘버원 책 쓰기 학교 김병완 칼리지
3년 1만 권 독서, 10년 100권 출간, 8년 500명 작가 배출 책 쓰기 학교

최고의 목차 vs 최악의 목차

독자를 위한 목차

쉽게 이해할 수 있게 한눈에 보여주는 목차

33

최고의 목차 vs 최악의 목차

작가를 위한 목차

주제와 내용을 한눈에 알 수 없는 목차

34

대한민국 넘버원 책 쓰기 학교 김병완 칼리지
3년 1만 권 독서, 10년 100권 출간, 8년 500명 작가 배출 책 쓰기 학교

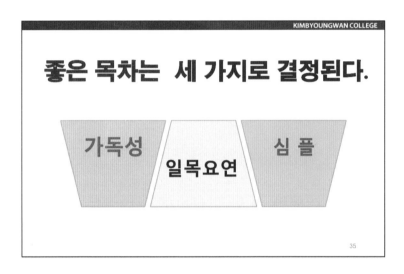

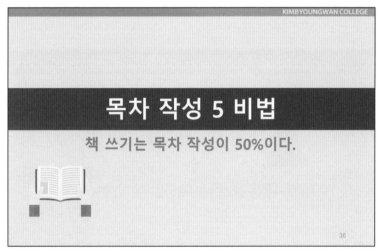

대한민국 넘버원 책 쓰기 학교 김병완 칼리지
3년 1만 권 독서, 10년 100권 출간, 8년 500명 작가 배출 책 쓰기 학교

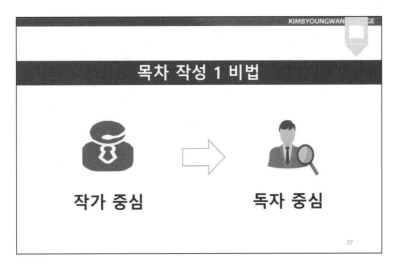

무단 유포 및 사용은 법적처벌을 받습니다.

대한민국 넘버원 책 쓰기 학교 김병완 칼리지
3년 1만 권 독서, 10년 100권 출간, 8년 500명 작가 배출 책 쓰기 학교

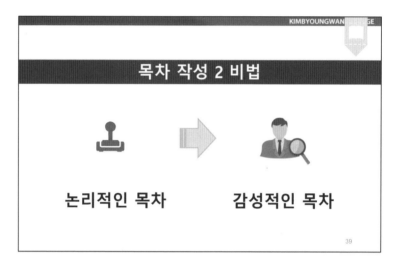

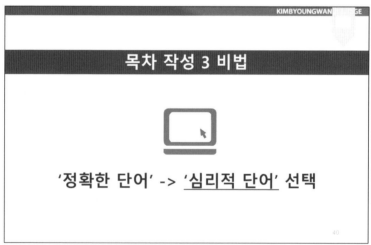

무단 유포 및 사용은 법적처벌을 받습니다.

대한민국 넘버원 책 쓰기 학교 김병완 칼리지
3년 1만 권 독서, 10년 100권 출간, 8년 500명 작가 배출 책 쓰기 학교

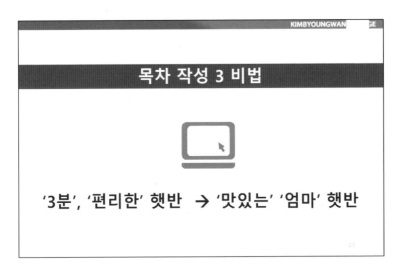

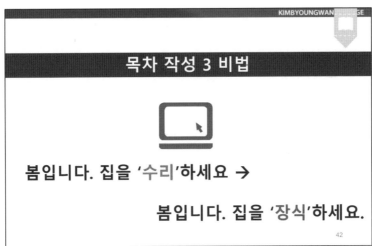

대한민국 넘버원 책 쓰기 학교 김병완 칼리지
3년 1만 권 독서, 10년 100권 출간, 8년 500명 작가 배출 책 쓰기 학교

목차 작성 4 비법

인간의 심리, 군중 심리를 이용하라.

43

목차 작성 4 비법

<u>소수의 사람들</u>만이 신청한 수업입니다.

→ <u>이미 많은 사람들</u>이 신청한 수업입니다.

44

무단 유포 및 사용은 법적처벌을 받습니다.

대한민국 넘버원 책 쓰기 학교 김병완 칼리지
3년 1만 권 독서, 10년 100권 출간, 8년 500명 작가 배출 책 쓰기 학교

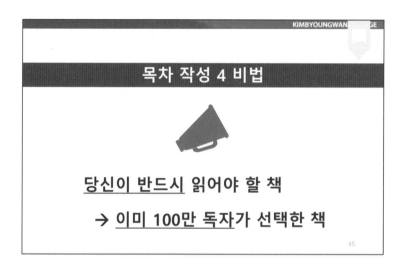

대한민국 넘버원 책 쓰기 학교 김병완 칼리지
3년 1만 권 독서, 10년 100권 출간, 8년 500명 작가 배출 책 쓰기 학교

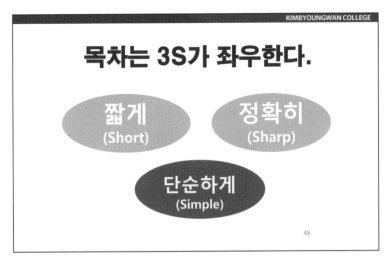

대한민국 넘버원 책 쓰기 학교 김병완 칼리지
3년 1만 권 독서, 10년 100권 출간, 8년 500명 작가 배출 책 쓰기 학교

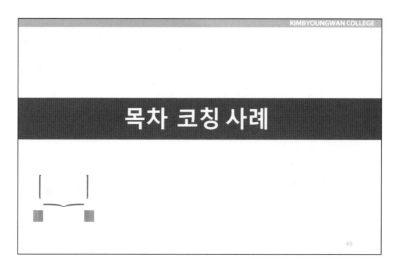

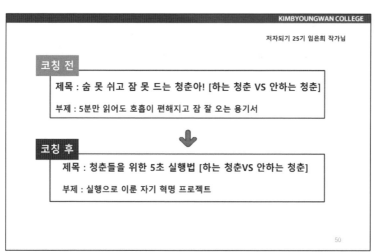

대한민국 넘버원 책 쓰기 학교 김병완 칼리지
3년 1만 권 독서, 10년 100권 출간, 8년 500명 작가 배출 책 쓰기 학교

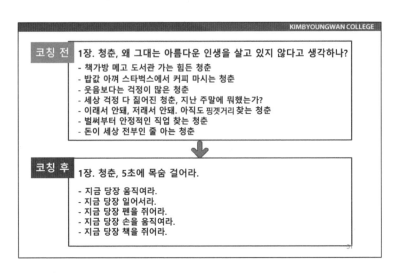

KIMBYOUNGWAN COLLEGE

코칭 전 1장. 청춘, 왜 그대는 아름다운 인생을 살고 있지 않다고 생각하나?
- 책가방 메고 도서관 가는 힘든 청춘
- 밥값 아껴 스타벅스에서 커피 마시는 청춘
- 웃음보다는 걱정이 많은 청춘
- 세상 걱정 다 짊어진 청춘, 지난 주말에 뭐했는가?
- 이래서 안돼, 저래서 안돼. 아직도 핑곗거리 찾는 청춘
- 벌써부터 안정적인 직업 찾는 청춘
- 돈이 세상 전부인 줄 아는 청춘

코칭 후 1장. 청춘, 5초에 목숨 걸어라.
- 지금 당장 움직여라.
- 지금 당장 일어서라.
- 지금 당장 펜을 쥐어라.
- 지금 당장 손을 움직여라.
- 지금 당장 책을 쥐어라.

KIMBYOUNGWAN COLLEGE

코칭 전 2장. 청춘, 이렇게 살아보자.
- 하고 싶은 것을 좋아하는 책 앞장에 써 내려가라.
- 부정마인드가 질투심 생길 정도로 긍정적 마인드를 가져라.
- 청춘, 나를 사랑해 줄 연인을 기대하지 마라.
- 나의 단점에 대립항을 써봐라.
- 한강물 마실 생각 말고 차라리, 화장실에 고인 물을 마셔라.
- 미치는 습관을 가져라.
- 시작이라는 도전은 기회를 가져온다.
- 오롯이 나만을 위한 통장 하나를 준비하라.
- 진정한 나의 열성팬이 되라.

코칭 후 2장 청춘, 경험하라! 5초가 50분, 5시간이 되는 순간을
- 목표를 적어라.
- 긍정적 마인드를 가져라.
- 단점에 대립항을 써봐라.
- 미치는 습관을 가져라.
- 도전은 기회를 가져온다.
- 나만을 위한 통장을 준비.
- 진정한 열성팬이 되라.

무단 유포 및 사용은 법적처벌을 받습니다.

대한민국 넘버원 책 쓰기 학교 김병완 칼리지
3년 1만 권 독서, 10년 100권 출간, 8년 500명 작가 배출 책 쓰기 학교

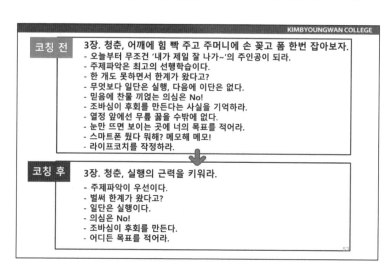

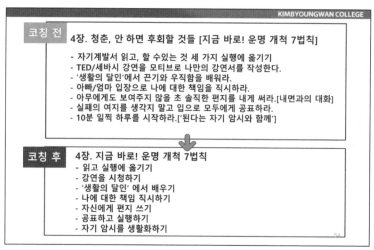

대한민국 넘버원 책 쓰기 학교 김병완 칼리지
3년 1만 권 독서, 10년 100권 출간, 8년 500명 작가 배출 책 쓰기 학교

코칭 전 5장. 청춘, 행동하는 자만이 진정한 청춘이다.
- 행동 속에서 진짜 설레임을 만난다.
- 머릿속의 복잡함을 버리고 실행의 행동으로 일관한다.
- 진정한 열성팬이 된 청춘, 나에게 집착한다.
- 실행=꿈, 자꾸 웃음이 나온다.[꿈이 현실이 된다]

코칭 후 5장. 5분이면 인생이 달라진다.
- 5분 일찍 일어나기
- 5분 목표를 말하고 상상하기
- 5분 독서로 의식 확장하기
- 5분 책 쓰기로 도약하기

6장. 행동하는 자만이 청춘이다.
- 행동 속에서 설레임을 만난다.
- 실행으로 일관하라.
- 나에게 집착하라.
- 실행은 꿈으로 가는 지름길이다.

55

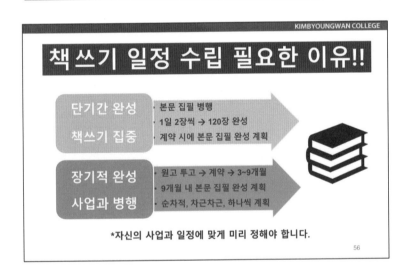

책쓰기 일정 수립 필요한 이유!!

단기간 완성
책쓰기 집중
- 본문 집필 병행
- 1일 2장씩 → 120장 완성
- 계약 시에 본문 집필 완성 계획

장기적 완성
사업과 병행
- 원고 투고 → 계약 → 3~9개월
- 9개월 내 본문 집필 완성 계획
- 순차적, 차근차근, 하나씩 계획

*자신의 사업과 일정에 맞게 미리 정해야 합니다.

56

대한민국 넘버원 책 쓰기 학교 김병완 칼리지
3년 1만 권 독서, 10년 100권 출간, 8년 500명 작가 배출 책 쓰기 학교

수 업 과 제

필수

1. 목차를 10배 더 강력하게 만들기

2. 베스트셀러 도서 5권 서문만 읽어 오기

57

Thank You!

I'm sure that We can make a Miracle.

화이팅!

58

대한민국 넘버원 책 쓰기 학교 김병완 칼리지
3년 1만 권 독서, 10년 100권 출간, 8년 500명 작가 배출 책 쓰기 학교

무단 유포 및 사용은 법적처벌을 받습니다.

대한민국 넘버원 책 쓰기 학교 김병완 칼리지
3년 1만 권 독서, 10년 100권 출간, 8년 500명 작가 배출 책 쓰기 학교

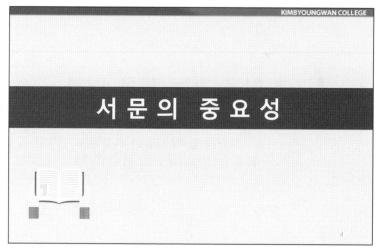

무단 유포 및 사용은 법적처벌을 받습니다.

KIMBYOUNGWAN COLLEGE

그 책의 가치를 보여준다
독자의 구매여부를 결정한다

5

KIMBYOUNGWAN COLLEGE

최면을 거는 책을 써라

"저술을 할 때 사람이 생각하는 최후의
일은 무엇을 최초에 놓아야 하느냐는
것이다."

- 파스칼, [팡세] I. 19

6

대한민국 넘버원 책 쓰기 학교 김병완 칼리지
3년 1만 권 독서, 10년 100권 출간, 8년 500명 작가 배출 책 쓰기 학교

무단 유포 및 사용은 법적처벌을 받습니다.

대한민국 넘버원 책 쓰기 학교 김병완 칼리지
3년 1만 권 독서, 10년 100권 출간, 8년 500명 작가 배출 책 쓰기 학교

2. 멋진 인용구, 질문으로 시작하라

☞ 첫 문장이 중요하다.

20기. 김흥중 작가의 사례!!!!!!!!!!!!
"무릇 사람은 다 죽는다. 죽음 중에는 태산처럼
거룩한 죽음이 있는가 하면 깃털처럼 가벼운
죽음도 있다." 사마천 <사기,열전 70편>

※ 베이컨의 [수상록]의 수필들은 첫 문장이
인용구다.

9

3. 핵심으로 들어가 결론부터 던져라

강력한 힘을 느끼게 해준다.

10

무단 유포 및 사용은 법적처벌을 받습니다.

대한민국 넘버원 책 쓰기 학교 김병완 칼리지
3년 1만 권 독서, 10년 100권 출간, 8년 500명 작가 배출 책 쓰기 학교

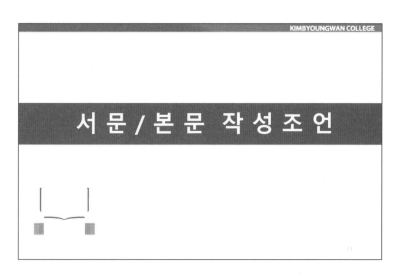

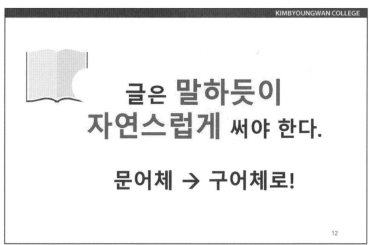

대한민국 넘버원 책 쓰기 학교 김병완 칼리지

3년 1만 권 독서, 10년 100권 출간, 8년 500명 작가 배출 책 쓰기 학교

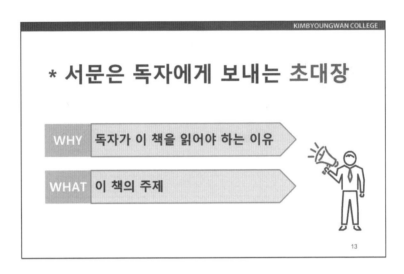

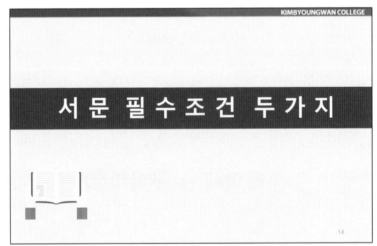

대한민국 넘버원 책 쓰기 학교 김병완 칼리지
3년 1만 권 독서, 10년 100권 출간, 8년 500명 작가 배출 책 쓰기 학교

1. 누가 봐도 쉽게 이해할 수 있게

Keep it simple, Stupid!

멍청이도 한눈에 알도록 쉽게!!!

심플하게!!!!

15

2. 짧고, 간결하게 써라.

독자들은 생각보다 바쁘고 참을성이 없다.

짧고 간결하지 않으면
독자가 읽지 않는다.

16

무단 유포 및 사용은 법적처벌을 받습니다.

대한민국 넘버원 책 쓰기 학교 김병완 칼리지
3년 1만 권 독서, 10년 100권 출간, 8년 500명 작가 배출 책 쓰기 학교

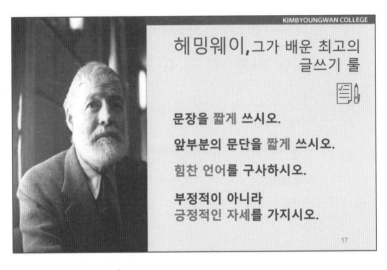

무단 유포 및 사용은 법적처벌을 받습니다.

대한민국 넘버원 책 쓰기 학교 김병완 칼리지
3년 1만 권 독서, 10년 100권 출간, 8년 500명 작가 배출 책 쓰기 학교

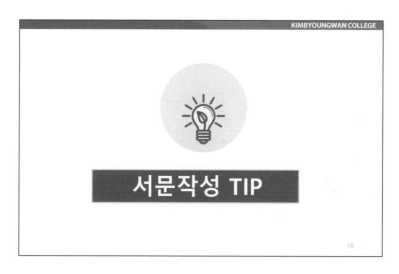

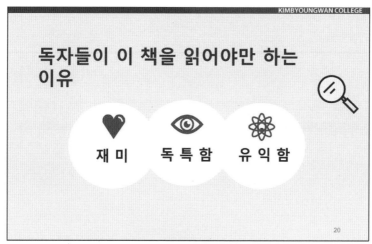

대한민국 넘버원 책 쓰기 학교 김병완 칼리지
3년 1만 권 독서, 10년 100권 출간, 8년 500명 작가 배출 책 쓰기 학교

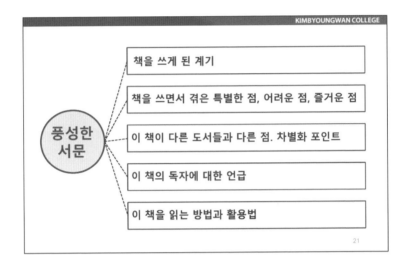

대한민국 넘버원 책 쓰기 학교 김병완 칼리지
3년 1만 권 독서, 10년 100권 출간, 8년 500명 작가 배출 책 쓰기 학교

1. 이야기로 시작하는 법

23

" 2004년 초 나는 글쓰기 교육 시스템을 알아보기 위해 매사추세츠 공과대학을 방문한 적이 있다.

그곳의 글쓰기 프로그램 책임자인 제임스 교수에게 이공계 대학인 MIT에서 왜 그렇게 학생들에게 글쓰기 교육을 많이 시키는지를 물어보았다.

교수는 뜻밖의 질문이라는 듯 놀라면서 MIT 학생들은 대부분 사회의 리더로 성장할 학생이며, 리더가 하는 일 중 가장 중요한 것이 글을 쓰는 것 아니냐고 반문했다."

<글쓰기의 전략> 정희모, 이재성

24

"모든 것은 2004년 가을 어느 날 저녁에 시작되었다.

나는 출판업자 후베르트 부르다의 초대를 받아 뮌헨으로 떠났는데, 이른바 '지식인들의 자발적 교류'라는 모임에 참석하기 위해서였다. 그때까지 나는 결코 나 자신을 지식인이라고 여긴 적이 없었다. 그러나 후베르트는 내가 두 권의 책을 출간했으니 그것만으로도 자격은 충분하다고 했다."

<스마트한 생각들> 롤프 도벨리

25

2. 질문으로 시작하는 법

26

대한민국 넘버원 책 쓰기 학교 김병완 칼리지
3년 1만 권 독서, 10년 100권 출간, 8년 500명 작가 배출 책 쓰기 학교

"글 잘 쓰는 비결이 있나요? 어떻게 해서 그렇게 잘 쓰게
  되었나요?"

30년 전부터 이런 질문을 받았다. 그런데 뭐라 대답하기가 어려웠다.
글쓰기에 무슨 비법이 있는지 아는 게 없었기 때문이다. ~~~~

< 유시민의 글쓰기 특강, 서문 도입부 >

27

"왜 우리 흑인들은 백인들처럼 그런 '화물'을 만들지 못한 겁니까?"

지구상의 각 지역마다 역사의 진행이 판이하게 달랐다는 것은 누구나
알고 있는 사실이다.
최종 빙하기가 끝나고 13000년이라는 기간 동안 세계의 한편에서는
문자와 철기를 가진 산업 사회가 발달했고, 다른 곳에서는 문맹 상태의
농경 사회가 발달했으며, 또 다른 지역에서는 석기를 가진 수렵 채집의
사회가 발전했다.

< 재레드 다이아몬드, 총.균.쇠 >

28

무단 유포 및 사용은 법적처벌을 받습니다.

KIMBYOUNGWAN COLLEGE

3. 인용,명언으로 시작하는 법

29

KIMBYOUNGWAN COLLEGE

"산 속의 작은 길도 많이 다녀야 큰길이 되고, 잠시만 다니지 않으면 금방 풀이 우거져버린다."

2009년 워싱턴서 열린 첫 '미 중 전략경제대화'에서 오바마 미국 대통령이 인용했던 <맹자>의 한 구절이다. 중국과의 경제협력 회의를 처음 개최하면서 '앞으로 크고 새로운 길을 만들듯 자주 교류하고 협조하자'는 뜻을 중국인들이 잘 아는 구절을 통해 피력했다. ~~~~

30

대한민국 넘버원 책 쓰기 학교 김병완 칼리지
3년 1만 권 독서, 10년 100권 출간, 8년 500명 작가 배출 책 쓰기 학교

"반드시 산 정상에 올라 뭇 산들의 작음을 굽어보리라."

지난 2006년 미국을 공식 방문했던 후진타오 전 중국 주석이 부시 미국 대통령 공식오찬의 답사에서 인용했던 말로, 두보의 시 <망악>의 한 구절이다.

– 조윤제, 천년의 내공

31

다양한 서문 살펴보기

32

대한민국 넘버원 책 쓰기 학교 김병완 칼리지

3년 1만 권 독서, 10년 100권 출간, 8년 500명 작가 배출 책 쓰기 학교

7년 전에 한국을 처음 방문했습니다. 가을에 가서 서울에 있는 널찍하고 아름다운 공원 바로 옆에 있는 호텔에 머물렀습니다. 첫날 오후에 호텔 로비를 걸어가는데 어떤 남자가 저에게 다가왔습니다. 한국인 남자는 자기를 소개했습니다. 제 책을 여러 권 읽었는데, 정말 마음에 들었다고 하더군요. "한국에는 무슨 일이십니까?" 잠깐 이야기를 나누다가 남자가 말했습니다. "괜찮으시면 오늘 저녁에 저희 부부와 친구 몇 명하고 저녁을 함께 드시는 건 어떻습니까?"

저는 좋다고 했습니다. 그날 저녁, 남자가 저를 데리러 왔고 서울 한쪽 구석에 있는 자그마한 레스토랑에 갔습니다. 거기서 저는 참으로 매혹적인 대화를 나누고 제 인생에서 손꼽을 만한 멋진 식사를 했습니다. 그날 저녁은 결코 잊을 수 없습니다. 그날 이후, 자기소개를 한 그 남자와 저는 친구가 됐지요.

타인의 해석 _ 말콤 글래드웰

천하의 명장 항우가 유방에게 패배한 이유가 뭘까?

혹자들은 "인덕人德이 부족해서"라고 입을 모은다. 항우가 재주와 힘은 유방보다 뛰어났지만 우호적인 인적 네트워크가 부족해서 천하를 얻지 못했다는 것이다.

그럴듯한 분석이다. 위세와 사나움만을 앞세우는 맹장은 사람을 잠시 끌어올 수는 있으나 제 품으로 사람을 끌어들일 수는 없다. 힘으로 상대의 몸을 짓누를 수는 있지만 상대의 마음속에 들어앉을 수는 없다. 항우가 대업을 이뤄내지 못한 이유도 여기에 있을지 모른다.

말의 품격 _ 이기주 34

무단 유포 및 사용은 법적처벌을 받습니다.

대한민국 넘버원 책 쓰기 학교 김병완 칼리지
3년 1만 권 독서, 10년 100권 출간, 8년 500명 작가 배출 책 쓰기 학교

KIMBYOUNGWAN COLLEGE

어느덧 머리가 희끗한 중년 의사가 되었다. 사람들이 수시로 찾아와 조언을 구한다. 내 강연을 들은 후 인생이 달라졌다고 편지를 보내오는 사람도 있다.

생각해보면 참 행복한 시간이다. 나는 아직 건강하고, 사랑하는 아내와 아이들은 나를 존중한다. 부모님은 나를 신뢰하고, 하나뿐인 형은 늘 나를 지지한다. 총체적으로 무척 행복한 인생이라고 말할 만하다.

하지만 이것은 전혀 예상하지 못한 일이다. 어린 시절 나는 유약한 아이였다. 몸은 약했고, 마음도 여렸다. 편도선이 자주 부어 결석이 잦았고, 걸핏하면 눈물을 보이는 울보였다. 여느 사내아이들과 달리 장난꾸러기가 아니었고 그렇다고 야무지지도 않았다. 머리는 평범했고, 손재주도 없었다. 자신감도 없고 끈기도 없었다. 주변 사람들은 그런 나

자존감 수업 _ 윤홍균

KIMBYOUNGWAN COLLEGE

거울은 우리의 겉모습을 있는 그대로 비춰준다. 메타인지metacognition도 일종의 거울이다. 다만 외모가 아니라 '내가 안다고 믿는 것들을 다시 비춰주는 내면의 거울'이다. 이 거울은 나의 눈, 코, 입이 아니라 내가 누구인지, 무엇을 하고 싶은지, 무엇을 느끼는지 등 내면의 상태를 들여다보는 용도로 쓰인다. 일반 거울은 자신의 겉모습을 '있는 그대로' 비추지만 메타인지 거울은 종종 왜곡된 상태로 우리의 내면을 비춘다. 예를 들어 어떤 일을 시작함에 앞서 '난 자신이 없는데' '내가 할 수 없을 것 같은데'라는 생각이 들 때가 있다. 하지만 막상 시작해보면 걱정

메타인지 학습법 _ 리사 손

무단 유포 및 사용은 법적처벌을 받습니다.

대한민국 넘버원 책 쓰기 학교 김병완 칼리지

3년 1만 권 독서, 10년 100권 출간, 8년 500명 작가 배출 책 쓰기 학교

서문 도입부의 기본 원칙

호기심을 자극하라!

대한민국 넘버원 책 쓰기 학교 김병완 칼리지
3년 1만 권 독서, 10년 100권 출간, 8년 500명 작가 배출 책 쓰기 학교

대한민국 넘버원 책 쓰기 학교 김병완 칼리지
3년 1만 권 독서, 10년 100권 출간, 8년 500명 작가 배출 책 쓰기 학교

참신함, 역설, 유머, 놀라움,
비범함, 흥미로움, 질문

KIMBYOUNGWAN COLLEGE

서 문 마 무 리 하 는 법

1. 확신으로 마무리하는 법

45

" 자. 이제 이 책은 독자 여러분의 손에 쥐어졌다. 이 자체가 여러분에게 행운을 가져다주지는 않을지라도, 적어도 스스로의 잘못으로 장차 일어날 지나치게 큰 불행을 막는 데 도움이 되리라는 것은 분명하다."

< 롤프 도벨리, [스마트한 생각들] >

46

2. 희망, 기대로 마무리하는 법

47

"인생에는 즐거운 일, 괴로운 일이 다 있다. 즐거움을 누리기 위해 한동안 괴로움을 감수해야 하는 경우도 많다. 어쨌든 즐거운 일만 있는 인생은 생각하기 어렵다. 전체적으로 보아 괴로움보다 즐거움이 크다면 행복한 인생이라고 할 수 있을 것이다. ~ 누군가 이 책을 읽은 덕분에 글쓰기를 더 잘하게 된다면 내 인생이 조금은 더 즐거워질 것 같다."

< 유시민, [글쓰기 특강] >

48

대한민국 넘버원 책 쓰기 학교 김병완 칼리지

3년 1만 권 독서, 10년 100권 출간, 8년 500명 작가 배출 책 쓰기 학교

"따라서 그의 주장을 이해하고 실천하는 것에 저항하는
사람도 많다. 하지만 우리 삶의 고단함을 바로 보기 위해서는
아들러의 주장이 가장 유효하다. 이 책이 삶을 고단하게
느끼는 이들에게 고단한 삶에서 벗어나 행복한 삶을
꾸려 가는 수단이 되었으면 한다."

< 기시미 이치로, [오늘부터 가벼워지는 삶] >

49

---

3. 사실,주장으로 마무리하는 법

50

무단 유포 및 사용은 법적처벌을 받습니다.

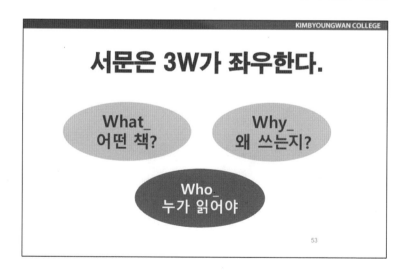

대한민국 넘버원 책 쓰기 학교 김병완 칼리지
3년 1만 권 독서, 10년 100권 출간, 8년 500명 작가 배출 책 쓰기 학교

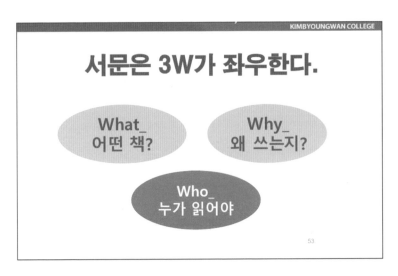

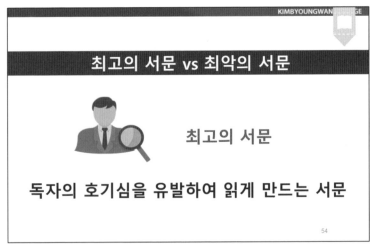

대한민국 넘버원 책 쓰기 학교 김병완 칼리지
3년 1만 권 독서, 10년 100권 출간, 8년 500명 작가 배출 책 쓰기 학교

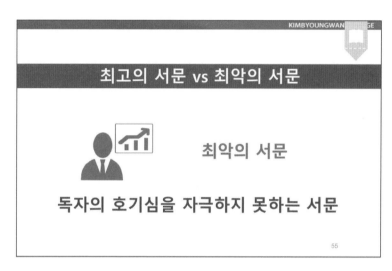

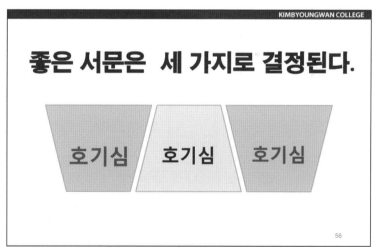

무단 유포 및 사용은 법적처벌을 받습니다.

대한민국 넘버원 책 쓰기 학교 김병완 칼리지
3년 1만 권 독서, 10년 100권 출간, 8년 500명 작가 배출 책 쓰기 학교

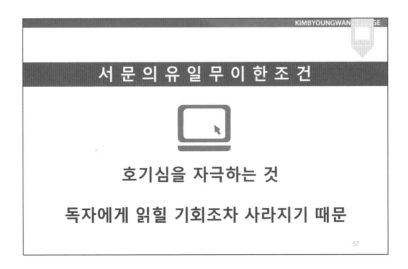

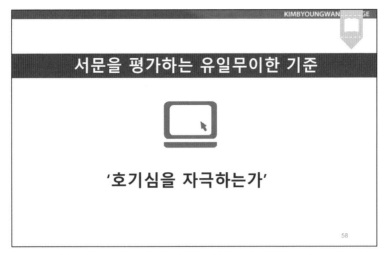

대한민국 넘버원 책 쓰기 학교 김병완 칼리지

3년 1만 권 독서, 10년 100권 출간, 8년 500명 작가 배출 책 쓰기 학교

수 업 과 제

1. 주제, 목차 서문 다듬기 (필수)

2. 하루 2 페이지 본문 작성하기 (선택)

- 목차 , 꼭지글
- 프리라이팅
- 토막글
- 필사

59

실습 시간

60

무단 유포 및 사용은 법적처벌을 받습니다.

대한민국 넘버원 책 쓰기 학교 김병완 칼리지
3년 1만 권 독서, 10년 100권 출간, 8년 500명 작가 배출 책 쓰기 학교

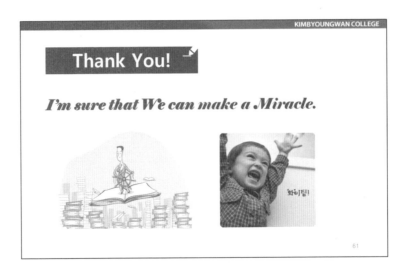

무단 유포 및 사용은 법적처벌을 받습니다.

책 쓰기 수업 & 계약 후기

수강생들의 김병완 칼리지

책 쓰기로 인생을 바꾼
보통 사람들

: 인생에서 **잘한** 2가지 중 **1가지**

누구나 살면서 참 잘한 일이라고 꼽는 몇 가지 일이 있을 것이다.

나는 인생에서 잘한 일을 꼽으라면 주저 없이 김병완 칼리지와의 인연을 꼽고 싶다. 인생에서 잘한 2가지 중 1가지로 말이다.

(혼자 책 쓰기를 한 후) 1차 원고를 몇 군데 출판사에 보낸 후 퇴짜를 맞았다.

원고를 들여다봤다.

뭔가 부족했다.

'뭘까…?'

정리가 필요했다.

그런데 '하늘은 제 갈 길을 아는 이에게 길을 열어 준다'고 했던가?

어떻게 김병완 작가님과 인연이 닿았다.

정말 강의는 내가 기대한 이상이었다.

책을 써본 사람만이 알 수 있는 깊이 있는 내공과, 핵심을 짚는 코칭으로 짧은 시간에 글이 다듬어졌다. 이미 많은 책을 낸 유명 작가임에도 불구하고, 내 책의 세세한 부분까지 신경 써주시는 면에서 진정성과 사람에 대한 깊은 예의를 느꼈다. 그렇게 코칭을 받은 출간 기획서를 제출 후 하루 만에 출판사에서 계약하자는 연락이 왔다.

얼떨떨함 속에 오랜만에 묻어둔 설렘이 되살아났다.

내 안에 오랫동안 웅크려 있던 또 다른 나를 끄집어 내준 김병완 작가님께 감사드린다.

– 출처: 김병완 칼리지(대한민국 넘버원 책 쓰기, 독서법 카페)

: 29기, 출판사 4군데 미팅 후 계약후기입니다

김병완 작가님의 말씀대로 같은 기수의 다른 분들이 다 계약하고 나만 못 해도 진심으로 축하해 주려고 마음을 다잡고 토요일 아침 원고 투고를 했습니다. 기다리지 말라는 말씀에 진짜 기다리지 않고 건담을 쇼핑하던 중, 정확히 17분 후에 메일이 왔다는 알람이 왔습니다.

건담 결제가 잘 됐다는 메일인줄 알고 별 생각 없이 클릭하려고 보니 출판사 답장이었습니다. 나 참…. 열어 보기도 겁이 났습니다.

한두 개가 더 왔습니다. 원고를 더 보내 달라는 메일과 출간의향이 있으니 만나 보자는 메일…. 꿈만 같고 기적 같았습니다. 마음 접고 프로 건담메이커가 되려고 했는데, 그것도 보낸 당일 답장이 오다니!

월요일부터는 정신없이 답변들이 오기 시작했습니다. 대부분 1~2주 검토하고 연락 주겠다는 메일이었지만, 원고를 더 보내 달라는 메일과 신기하게도 만나고 싶다며 계약서를 보내 온 메일도 한두 개 있었습니다. 그렇게 출판사들과 미팅을 잡고 만나러 다녔습니다. 마냥 신기해서 미팅할 때 긴장할 정신도 없었던 것 같습니다.

총 4군데의 출판사에서 계약하자고 연락이 왔었지만 한 군데는 전화로만 얘기를 오래하고 만나기로 했었지만 결국 만나지 않았습니다.

그 4군데 출판사 중 가장 계약하고 싶은 출판사는 이미 있었습니다. 그 4군데 중 3개의 출판사를 만났고, 2군데 중 어디와 계약할지 마지막까지 굉장히 많이 헷갈렸습니다. 계약하는 당일까지 최대한 많은 걸 여쭤보았습니다. 대표님이 저보고 "장사하던 사람인거 티 난다"고 하실 정도로 꼼꼼히 물어봤습니다. (예전에 구두 쇼핑몰을 했었습니다.) 계약 조건도 저에게 중요한 건 바꿔 달라고 요구하고 중요하지 않은 건 쿨하게 넘어가는 모습도 보여 드렸습니다. 결국 계약금도 전혀 없고 더 작은 출판사이지만 마음이 더 진실되어 보이는 대표님과 계약을 결심했습니다. 처음부터 돈 욕심을 낸 건 아니었지만 더 좁은 길이라 맞는 결정이라는 생각이 들었습니다. 1년에 고작(?) 10~11권 출간하는 출판사인데 제 책을 골라 주신 것에 깊은 감격을 받고 돌아왔습니다.

이제 진짜 시작이지만 이렇게까지 많은 것을 느끼고 경험하게 해주셔서 감사드립니다. 사랑합니다!

– 출처: 김병완 칼리지(대한민국 넘버원 책 쓰기, 독서법 카페)

: 오리에서 백조가 되는 경험을 한 계약후기!

글 쓰는 소질 없던 내가 책을 쓰겠다는 건 올해의 도전이었습니다. 그리고 수업을 들으며 성장하는 만큼 힘이 들었습니다.

7주차 수업을 끝내고 원고를 투고한 다음날 메일이 오기 시작했습니다. 좋은 조건의 계약메일도 도착해, 날아갈 듯 기뻤습니다. 어떤 출판사 대표님은 다른 약속을 취소하시고 저에게 오셨습니다. 다른 출판사에서 먼저 계약할까 봐 불안하셔서 안 오실 수가 없으셨다고!

지금 계약을 결정한 상황인데 다른 곳에서 만나자는 전화가 계속 옵니다. 어떤 조건을 원하는지 물어도 보시고!

오리였던 제가 백조가 되는 이런 일이 다 있습니다. 그냥 김병완 작가님이 시키는 대로 따라갔고 따라가다가 부족한 제게 화가 나기도 했었는데 7주간의 수업이 저에게 기적을 가져다주었습니다.

– 출처: 김병완 칼리지(대한민국 넘버원 책 쓰기, 독서법 카페)

: 명함도 없던 아이엄마, 작가로 제2의 인생 시작합니다

칼리지의 모든 분들께 먼저 감사인사 드립니다.

고맙습니다.

7주간 일어났던 엄청난 변화에 놀라고, 내면에 숨겨져 있던 능력의 발견에 놀라고, 이러한 나를 세상이 알아줌에 또 놀랐습니다.

저자 되기 수업은 결과에 관계없이 너무나 즐거운 경험이었습니다.

마치 오래된 보물창고를 열어 하나씩 보물을 꺼내는 느낌이었습니다.

흔들릴 때마다 칼리지 팀장님들이 두 팔 들어올려 응원해 주셨고, 김병완 작가님은 그 모든 과정을 온전히 즐길 수 있게 도와주신 탁월한 스승님이셨습니다. 고맙습니다. 수백 번을 말해도 부족합니다.

원고 투고 후 '누가 내 이야기에 관심을 가질까?' 고민할 새도 없이 연락과 미팅이 진행되었습니다. 완성원고도 아닌 출간 기획서와 몇 편의 본문만 보고도 열 군데의 출판사에서 러브콜을 보내왔습니다. 연락받을 때마다 신기했습니다. 자신감도 점점 차올랐습니다.

또한 작가님이란 칭호는 들어도, 들어도 좋은 말입니다. ^^

결국 가장 마음이 통한 출판사와 좋은 조건으로 계약했습니다.

저는 요즘 본문 집필에 온 힘을 기울이고 있습니다.

그리고 무엇보다 너무나 행복합니다.

겉옷을 벗어버리자 슈퍼맨 쫄쫄이가 나온 것처럼 지금 저의 모습은 원래 작가라는 옷을 입고 있었던 사람처럼 느껴집니다.

글쓰기는 올해 마흔이 된 저에게 인생과제였습니다.

무엇부터 해야 할지 막막하던 중 김병완 칼리지를 만나 이렇게 쉽게 인생혁명을 이루고 있네요.

김병완 작가님.

7주간의 수업보다 감사한 것은 작가님이 몸소 보여주시는 인생입니다. 그 모습이 저에게 가장 큰 촉매가 되었습니다. 저도 누군가의 삶에 자극이 되고 불을 당기는 또 다른 촉매가 되어야겠지요?

이제 첫 책이 출발했습니다.

두 번째, 세 번째 책들로 다시 이곳에 기쁜 글을 쓰고 싶습니다.

다시 한번 고맙습니다. 사랑합니다.

– 출처: 김병완 칼리지(대한민국 넘버원 책 쓰기, 독서법 카페)

: 평범한 독자였던 가정주부, 책 쓰기로 프로 강사 되다

안녕하세요? 〈끝내는 엄마 vs 끝내주는 엄마〉 김영희입니다.

요즘 아침마다 연속적으로 접하는 일들이 기적 같아 이렇게 펜을 들었습니다.

지금으로부터 꼭 반년 전, 저는 오늘 같은 일이 벌어질 줄은 상상도 못한 평범한 사람이었어요. 왜냐고요? 그것은 그동안 너무나 숨 가쁘게 이어진 시간들 때문이지요.

메르스가 기승을 부리고 찜통더위가 시작되던 2015년 6월 25일은 이제 한국전쟁일보다 더 뇌리에 꽂히는 날로 기억해야 하는 날이 됐네요. 처음으로 김병완 칼리지 저자 되기에 참여한 날이 이렇게 아스라한 일처럼 느껴지다니요….

7주 프로젝트 첫 시간부터 작가님한테 유연한 태도의 꾸중을 듣고 의기소침, 5~6주까지도 불투명한 작품에 대한 불안! 7주째 출판 기획서 제출일에 드디어 본 작가님의 환한 미소! 작가님의 예리하신 눈길로 기획서를 보시곤 무조건 통과! 저는 "후유" 하며 가슴 떨리는 맘으로 출판사에 원고 투고….

그 후 급속도로 출판이 되어 12월 16일부터 시판 시작!

곧이어 출판사 인기도 1위, 육아잡지 〈Babee〉 인터뷰는 2월호 게재 예정, 오늘은 한겨레신문에 기사가 남!

이런 과정 속에서 저는 너무나 얼떨떨하고 이게 무슨 액땜(?)인가 싶기도 합니다. 그래서 저는 이렇게 감사글을 써서라도 작가님 이하 칼리지의 스텝진과 우리 칼리지의 대기 작가 분들께 용기와 희망을 드리고 싶어졌어요.

지금도 제가 했던 말이 얼마나 공허한 말이었는지 귓가에 맴돕니다. "허접하고 쓰레기 같은 책을 내어 쓰레기를 보태고 싶지 않아요"라며 제가 책 쓰기를 망설이고 포기하려 할 때 작가님께서 붙들지 않으셨다면 오늘의 저는 없었을 겁니다. 그래서 오늘의 제가 있기까지 이끌어주시고 보살펴 주신 점, 작가님의 은덕으로 돌리고 싶습니다.

정말 고맙습니다. 작가님!

게다가 나날이 발전하는 칼리지의 모습 넘보기 좋고요.

2016년 밝은 새해 더욱 빛나는 칼리지 되시길 기원드립니다.

– 출처: 김병완 칼리지(대한민국 넘버원 책 쓰기, 독서법 카페)

. . . .
책 쓰기 학교 수업 교재 1탄

누
구 책
보 쓰
다 는
빨 법
리

초판 인쇄 2020년 10월 7일
초판 발행 2020년 10월 14일

지은이 김병완
발행인 (주)플랫폼연구소 | **출판등록** 제 2020-000075 호

전화 010-3920-6036 / 02-556-6036 | **팩스** 050-4227-6427
이메일 pflab2020@naver.com

주소 서울특별시 강남구 역삼로 220 홍성빌딩 1층

ISBN 979-11-970672-6-6 (03040)